कुमार अम्बुज

कुमार अम्बुज का जन्म 13 अप्रैल, 1957 को ग्राम मँगवार, ज़िला गुना, मध्य प्रदेश में हुआ। उन्होंने वनस्पति शास्त्र में स्नातकोत्तर किया। कानून की डिग्री ली।

उनकी प्रकाशित कृतियाँ हैं--'किवाड़', 'क्रूरता', 'अनंतिम', 'अतिक्रमण', 'अमीरी रेखा', 'कवि ने कहा', 'प्रतिनिधि कविताएँ', 'उपशीर्षक' (कविता-संग्रह); 'इच्छाएँ' (कहानी-संग्रह); 'थलचर' (डायरी-गद्य); 'मनुष्य का अवकाश' (वैचारिक आलेख)।

'वसुधा' पत्रिका के कवितांक-1994 का सम्पादन भी किया। गुजरात दंगों पर केन्द्रित पुस्तक 'क्या हमें चुप रहना चाहिए' (2002) का नियोजन एवं सम्पादन किया। साथ ही अनेक वैचारिक बुलेटिंस और पुस्तिकाओं का भी सम्पादन किया।

हिन्दी कविता के प्रतिनिधि संकलनों एवं कुछ पाठ्यक्रमों में रचनाएँ शामिल। साहित्य की शीर्ष संस्थाओं में काव्यपाठ, बातचीत तथा व्याख्यान। कविताओं के कुछ भारतीय एवं विदेशी भाषाओं में अनुवाद, संकलनों में कविताएँ चयनित। कवि द्वारा भी कुछ चर्चित कवियों की कविताओं के अनुवाद प्रकाशित। इधर अपनी कुछ प्रिय फ़िल्मों पर नए पाठ के साथ लेखन।

उन्हें *भारतभूषण अग्रवाल स्मृति पुरस्कार* (1988), *माखनलाल चतुर्वेदी पुरस्कार* (1992), *वागीश्वरी पुरस्कार* (1997), *श्रीकांत वर्मा सम्मान* (1998), *गिरिजा कुमार माथुर सम्मान* (1998), *केदार सम्मान* (2000) से सम्मानित किया गया है।

ई-मेल : kumarambujbpl@gmail.com

प्रतिनिधि कविताएँ

कुमार अम्बुज

राजकमल पेपरबैक्स

राजकमल पेपरबैक्स में
पहला संस्करण : 2014
चौथा संस्करण : 2023

राजकमल पेपरबैक्स : उत्कृष्ट साहित्य के जनसुलभ संस्करण

राजकमल प्रकाशन प्रा.लि.
1-बी, नेताजी सुभाष मार्ग, दरियागंज
नई दिल्ली-110 002

शाखाएँ : अशोक राजपथ, साइंस कॉलेज के सामने, पटना-800 006
पहली मंजिल, दरबारी बिल्डिंग, महात्मा गांधी मार्ग, प्रयागराज-211 001
वेबसाइट : www.rajkamalprakashan.com
ई-मेल : info@rajkamalprakashan.com

बी.के. ऑफसेट
नवीन शाहदरा, दिल्ली-110 032
द्वारा मुद्रित

मूल्य : ₹150

PRATINIDHI KAVITAYEIN
Representative Poems of Kumar Ambuj
Selected by Vishnu Khare

ISBN : 978-81-267-2655-4

भूमिका
प्रतिबद्ध बहुआयामी सृजनशीलता

इस तरह के संचयनों और उनकी ऐसी भूमिकाओं की एक नियति यह भी है कि वे सीमित हों, उनमें कितनी ही 'प्रोक्रस्टीय' या 'गागर में सागर' भरने की चेष्टाएँ और कसरतें क्यों न की जाएँ, किंतु आरम्भ में ज़रूरत शायद इसकी है कि कुमार अम्बुज को, यदि वे इसके लायक हों तो, एक अच्छा कवि सिद्ध किया जाए और फिर उन्हें आधुनिक, यानी लगभग पिछले 120 वर्षों की, हिंदी कविता के विकास-इतिहास में कहीं स्थित किया जाए।

1970 तक यह लगभग तय हो चुका था कि हिंदी कविता की प्रासंगिक (चाहें तो उसे 'प्रमुख' या 'केंद्रीय' भी कह लें) धारा मुक्तिबोध की आधारभूत प्रतिबद्ध चराचर चेतना, अधुनातन वैचारिकता, वैज्ञानिक ब्रह्मांडीय मीमांसा तथा रघुवीर सहाय के दैनंदिन, ज़मीनी, जन-पक्षधर राजनीति-बोध से मिलकर ही बनेगी, यद्यपि दोनों में निजी जीवन-तत्त्व भी कम महत्त्वपूर्ण नहीं हैं। बेशक इसमें सूर्यकांत त्रिपाठी 'निराला', नागार्जुन, शमशेर बहादुर सिंह, भवानी प्रसाद मिश्र, त्रिलोचन आदि का न्यूनाधिक योगदान भी स्पष्ट देखा जाएगा और जो समर्थ युवतर कवि 'चाँद का मुँह टेढ़ा है' (मुक्तिबोध, 1964) और 'आत्महत्या के विरुद्ध' (रघुवीर सहाय, 1967) के आसपास उस मुख्यधारा से जुड़े वे भी अपने तब तक के अनुभवों और प्रतिभा से उसमें कुछ निजी और नया जोड़ पाए। स्वयं रघुवीर सहाय ने 1980 तक अकुंठ-भाव से पहचान लिया था कि उनके सिलसिले में, भले ही कुछ अलग, एक कनिष्ठ पीढ़ी काव्य-परिदृश्य पर आ चुकी है।

इस युवतर पुश्त ने शायद यह समझ लिया था कि कविता का दायरा अब उत्तरोत्तर फैलता ही जाएगा-उसे अंतर्राष्ट्रीय राजनीति, विचारधारा और कविता का भी वह समुत्सुक और समझदार अहसास था जो उससे पहले

हिंदी में उतना कभी नहीं था–और एक प्रतिबद्ध विवेकशील विश्व-बोध के अंतर्गत वह एक साथ 'सभी कुछ' की और 'अभी की नहीं तो कभी की नहीं' कविता होती चली जाएगी। इस कविता के लिए किंचित् नई भाषा-शैली और शिल्प की दरकार होगी और सभी जड़-चेतन को, सम्पूर्ण सृष्टि को देखने का मानस-विन्यास भी न्यूनाधिक बदलना होगा–बल्कि नई स्थिति में यह सब स्वयं बदलते जाएँगे। इस प्रक्रिया में वह पहले कभी मुक्तिदायिनी समझी गई किंतु अब कभी-कभी अवरोधक 'पद्यात्मकता' के बंधों को खोलती हुई एक जोखिम-भरी लेकिन सर्वसुलभ 'आभासी–गद्यात्मकता' तक पहुँच जाया करेगी।

यदि कहा जा रहा है कि ब्रह्मांड भी एक नहीं, अनेक हैं तो कविता को भी अपनी नई-नई समष्टियाँ खोजनी-बनानी-उच्चारनी होंगी–सिर्फ़ दो चीज़ें नहीं बदलेंगी, बदलने नहीं दी जाएँगी–सारी कायनात में जो श्रेयस्कर है उसे सर्वथा बचाने में सहयोग और जो कुछ भी उसे नष्ट करना चाहे उसे पूरे पूर्वाग्रह के साथ नष्ट कर डालने का समर्थन। 1964-67 के बीच मुक्तिबोध और रघुवीर सहाय के कारण हिंदी कविता ने जो सघन एजेंडा हासिल किया, 1970 के दशक की पीढ़ी ने उसका लगभग कल्पनातीत, किंतु अधिक व्यावहारिक, अनुप्रयोज्य विस्तार करना शुरू किया और कविता की जिम्मेदारियों को हमेशा के लिए अभिव्यक्ति के सभी खतरे उठाने की अप्रत्यावर्ती सीमाओं तक पहुँचा दिया; इस तरह आज मौजूद सारी प्रासंगिक कवि-पीढ़ियों के सामने जहाँ सृजनशीलता के अक्षुण्ण संसार खोल दिए गए, वहीं सार्थक, प्रतिबद्ध, उत्कृष्ट कविता लिख पाना एक चुनौती-भरा उपक्रम बन गया। इस दुनिया में प्रवेश सबका था, शर्त सृजन-संकल्प और अपनी जगह खुद खोजने-बनाने की थी।

जब हम यह कहते हैं कि 1980 के दशक के कुमार अम्बुज जैसे युवा कवियों को मुक्तिबोध-रघुवीर सहाय–1970-79 की कविता उपलब्ध थी तो हम यह भी मान रहे होते हैं कि उनका परिचय प्रत्यक्ष या परोक्ष, गंभीर या सरसरी तौर पर 1950-60-70 के दशकों की वृहत्तर कविता से भी रहा होगा। यह तीस वर्ष सहज ही आधुनिक हिंदी काव्य के सर्वाधिक महत्त्वपूर्ण, केंद्रीय वर्ष कहे जा सकते हैं जिनमें मैथिलीशरण गुप्त, माखनलाल चतुर्वेदी, जयशंकर प्रसाद को छोड़कर तीनों बड़े 'छायावादी', तीनों सप्तकों के सारे कवि, अनेक क्लासिकल और नव-प्रगतिवादी कवि, राष्ट्रवादी और स्वच्छंदतावादी कवि, 'नई कविता' के कवि, आधुनिकतावादी कवि,

'नवगीतात्मकतावादी' कवि, 'अकविता' के कवि, अनेक प्रकार के 'मंचीय' कवि, सक्रियतावादी वामपंथी कवि और फिर उपरोक्त '70 की दहाई के अपेक्षाकृत युवा कवि, अपनी-अपनी प्रासंगिकताओं-अप्रासंगिकताओं के साथ, कभी एक ही अवधि में कभी अलग-अलग, कभी समूहों में, कभी व्यष्टिक, मौजूद थे। यूँ तो कोई भी 'दशक' किसी भी पंचांग, तिथि और घड़ी से सुनिर्धारित नहीं होता, फिर वह पिछले 'दशक' का 'विस्तार' और आगामी 'दशक' का 'स्रोत' ही होता है, यानी जब तक कोई असंदिग्ध एलियटीय 'संवेद्यता-विच्छेद' ('डिसोसिएशन ऑफ सेंसिबिलिटी') न हो तब तक सारी कथित समय-अवधियाँ अलग लगती हुई भी एक-दूसरी से गुँथी हुई ही होती हैं, फिर भी उपरोक्त तीस वर्षों का कविता-काल-खंड, सब कुछ के बावजूद, हैमिंग्वे के पैरिस-जैसा 'मूवेबिल फ़ीस्ट' था, जब, वर्ड्सवर्थीय शब्दों में, 'ब्लिस इट वाज़ इन दैट डॉन टु बि अलाइव, बट टु बी यंग वाज़ वैरी हैवन!'

भले ही अम्बुज का पहला संग्रह 'किवाड़' 1992 में आया, जिसका शीर्षक 1987 की उनकी उस समनाम कविता पर था जिसे 1988 का भारतभूषण अग्रवाल स्मृति पुरस्कार मिला, जो उनके अच्छे कवि होने का एक अनुमोदन था, लेकिन उनकी पहली प्रकाशित कविता 'पढ़ाई' 1981 की है, जब कवि 24 वर्ष का था और अस्सी के दशक के पहले सात वर्षों की उसकी सिर्फ़ तेरह कविताएँ इस अरंगेत्रम् संकलन में हैं। यानी अपनी और वृहत्तर हिंदी कविता और काव्य-परिदृश्य को जाँचने-समझने में उसने लगभग एक दशक लिया होगा और, उसके बाद, 1988 का पुरस्कार इसका कुछ सबूत माना जा सकता है, 1987-90 के बीच वह 47 संग्रहणीय कविताएँ लिख लेता है। पहले वर्धनशील वर्षों की शायद सर्वाधिक संभावनापूर्ण रचना 1983 की 'बासी अख़बार' है जो हमारा परिचय भावी, वयस्कतर कुमार अम्बुज से करवाती है। पुराना अख़बार ताज़गी और तात्कालिकता की कैद से आज़ाद होता है, उसके अभिनव सामाजिक 'संस्करण' और अवतार होते हैं, परचून की दुकान पर लिफ़ाफ़े और पुड़े बनने के बाद वह कई घर-गिरस्तियों में और ध्यान से पढ़ा जाता है और सुलगाया जाकर और बड़ी आगें लगा सकता है। कवि यहाँ अख़बार में छपी ख़बरों का नहीं, अख़बार नामक 'पदार्थ', 'थिंग' का इस्तेमाल कविता के लिए कर रहा है, उसे अनायास काव्य-विषयों के 'सभी कुछ' के संसार में उठा लाया है।

'किवाड़' की संस्कृति गाँवों, क़स्बों, शहरों के पुराने मोहल्लों, झोंपड़ों, खुली नालियों, चहबच्चों, संडासों, आँगनों और सामने या भीतर बँधे मवेशियों, दशकों पहले के 'स्थापत्य', मिट्‌टी, चूना, गारा, ईंट, खपरैल की संस्कृति है। उन पर लोक-मिथक उकेरे गए होते हैं। उनके पीछे का जीवन अनेक संघर्षों और संकोचों का होता है। फ़्लैटों, अपार्टमेंटों, डुप्लेक्सों, कोठियों और बंगलों में किवाड़ नहीं होते। कह सकते हैं कि अभी भी हिन्दुस्तान 'किवाड़' के पीछे रहता है, इंडिया 'डोर' और 'गेट' के पीछे शिफ़्ट कर गया है।

कुमार अम्बुज हिंदीभाषी भारत के एक विपन्नतम किंतु गर्वीले अंचल बुंदेलखंड के मंगवार जैसे नामवाले एक गाँव से आते हैं–यह बात अलग है कि उन्होंने लोक या अंचल को लेकर वह काँव-काँव नहीं की जो इलाहाबाद, दिल्ली, मुंबई आदि में बस गए कतिपय आव्रजक हुडुकलुल्लु कागभुशुंडि और कुदृष्टि जयंत कौए मचाए हुए हैं। अम्बुज ने अपनी ग्रामीण जड़ों का कविता में भी न्यूनतम, अपरिहार्य, प्रदर्शनहीन इस्तेमाल किया है। 'नींद और नींद से बाहर', 'ज़रा सी देर में', 'कटे हुए खेत को देख कर', 'फिर प्रेम की इच्छा में', 'गाँव की याद में एक गीत', 'सड़क', 'बारात', 'सिंध', 'दो बूढ़ी औरतों का मिलन', 'सुबह के लिए', 'आत्मकथ्य की पहली सुरंग में से' आदि कविताएँ अम्बुज के काव्यलोक में अनेक स्निग्ध ग्रामीण चित्र लाती हैं, यद्यपि 'भरी हुई बस में लाल साफ़े वाला आदमी' हर उस अन्याय का आखेट-उदाहरण बन जाता है जो ज़िला-मुख्यालय गाँव पर बरपा कर रहा है। 'गाँव की याद में एक गीत' किसी लोरी, खेल या चक्की-गीत की तरह गाया जा सकता है, लेकिन यदि लोक-जीवन पर मार्मिक खड़ी-बोली कविताओं का संग्रह कोई बनाए–जो कोई सबाल्टर्निया गाँवबाज़ नहीं कर रहा है–तो मैं उसमें कुमार की 'बारात' कविता को अनिवार्यत: देखना चाहूँगा जो अपनी चाक्षुषता में फिल्मों के उम्दा बैलगाड़ी-बारात-बिदा गीतों को जगाती है। कुमार 1980 में उभरे हिंदी के उन विरले कवियों में हैं जिनके पास गाँव का ख़ालिस अनुभव है, उन्होंने उसे देखा, सुना, सूँघा, छुआ, चखा और जिया है। बड़ी बात यह है कि बिना कातर, हुलफुल्ले या आत्मपावन हुए वे ग्रामीण जीवन पर संयत् किंतु अविस्मरणीय कविताएँ लिख लेते हैं जिनमें ऐसे कोई चालाक दिखावटी देशज शब्द नहीं टाँकते जिनके लिए हिंदी के अनेक मतिमंद-मंदाएँ कविता-कहानी-उपन्यास की पंक्तियों के बीचोबीच कोष्ठकों में 'अर्थ' देते चलते हैं।

जो हिंदी कवि अपने गाँवों से भाग निकले हैं उनमें से शायद ही किसी ने आत्मपरीक्षण और इक़बाल किया हो कि उसके कारण और परिणाम क्या थे। अम्बुज स्व-चयनित आत्मनिर्वासन और अपने शहरातीकरण का खुलासा देते हुए उन लाखों विवश या महत्त्वाकांक्षी युवकों की कथा कहते हैं जो 'बड़े होकर' गाँव की सिवान से बाहर आए, लिपस्टिक वाली लड़की को कुछ देर चाहा, 'शराब पीना' सीखा, कुएँ-खेत, गेहूँ-चावल, पेड़-पहाड़ वगैरह भूल गए और फिर जिनका साबक़ा 'हरित क्रांति', महामारी, हादसों, लड़कियों की आत्महत्याओं और पिताओं की पराजयों से पड़ा। यह एक नए तरह का 'कन्फैशन' था लेकिन ऐसे ही तज्रिबों में उस 'एलिएनेशन' के बीज भी थे जो यदि सही मानस में पड़ते हैं तो असली प्रतिबद्धता उपजती है वर्ना आप इन्हीं का मगरमच्छ रोना रोते हुए एक मुफ़ीद पछाँही शहीदाना ज़िंदगी का लुत्फ़ लेते रह सकते हैं।

'मोड़', 'स्वप्न' तथा 'नींद और नींद से बाहर' कवि के विकास की रचनाएँ हैं। एक नींद वह है जिसमें धरती, बचपन, अनाज और भूख है। वह एक कठिन सपने की तरह है जिसमें सिर्फ़ रक्त की आवाज़ है-कौन-सा लहू है यह, सिर्फ़ रगों में दौड़ता हुआ या अगले किन्हीं ख़राबों का ख़ून? 'स्वप्न' में एक बेहतर दुनिया की ताबीरें हैं जो शायद कभी मुजस्सिम होंगी, रम्ज़ सुलझेंगे, आदमी, चरिंदों-परिंदों को दाना-पानी नसीब होगा, धरती की नेस्ती टलेगी और मुकद्दस किताबों की लानतों से इंसानियत आज़ाद होगी। इन सपनों को साकार करने के लिए एक निर्णायक मोड़ चाहिए जो अक्षरों और शब्दों में मिलता है, जिनमें हमें दुःख, भूख और अभाव स्पष्टतर दिखाई देते हैं और यह भी कि अगर इस मोड़ के पहले उजाला नहीं था तो उसके बाद अँधेरा भी नहीं रहेगा। यह नियति-बोध और आस्था के जन्म तथा विकास की कविताएँ हैं।

'तुम्हारी जाति क्या है?', 'एक दीवार पर दो तलवारें देखकर' और 'क़िला' जैसी कविताओं में निजी, सामाजिक, सियासी और तारीख़ी अख़लाक़ और निगाहदारी भी हैं। जाति से शुरू करते हुए कवि धर्म को भी लपेट लेता है और ऐसे हिंदू नामों की, जिनसे उनके धारकों की बिरादरी का पता नहीं चल पाता, बहुआयामी विडंबनाएँ रेखांकित होती हैं जो कवि को भी नहीं बख़्शतीं। सामंती इतिहास को देखने की अम्बुज की अनोखी दृष्टि उन तलवारों को जाँचती है जो खिरती हवेली की दीवार पर पुराने रोब-दाब के सजावटी प्रदर्शन के लिए इस तरह चिपकाई गई हैं कि अतीतजीवी

मालगुज़ार उन्हें भी अपनी मूँछें समझता है। कभी यहाँ ग़ुलामी और मुसाहिबी हुआ करती थी, "लोग झुक कर सलाम करते हुए/अपने ही जूतों पर बैठकर बात करते थे"। इन तलवारों से रात में अब कराहने और रोने की आवाज़ें आती हैं, कुछ ठूँठ हाथ इन्हें भाँजते हैं, लेकिन दिन में इनसे आलू भी नहीं कटता। 'क़िला' भी अब ढह रहा है, वहाँ चमगादड़ों का बसेरा और बू हैं, उसके आसपास जरायमपेशा भी छिपने से डरते हैं और उसके अतीत में दाख़िले की सरकारी टिकट अब एक रुपया है। परिहास-बोध अम्बुज की ऐसी कविताओं की भी अतिरिक्त पहचान और शक्ति है।

'किवाड़' की कविताओं ने सिद्ध कर दिया कि कुमार अम्बुज को एक संभावनापूर्ण कवि माना जाना जायज़ है लेकिन 'किवाड़' जैसे लगभग 'गीतात्मक', 'आंचलिक' शीर्षक के बाद उनका अगला संग्रह 'क्रूरता' सरीखा सदमा पहुँचानेवाला, निर्मम, यथार्थवादी सरनामा लेकर आएगा इसकी आशंका न थी। 'किवाड़' 1992 में आया था जिस वर्ष 6 दिसम्बर को बाबरी मस्जिद गिराई गई थी, और 'क्रूरता', जिसमें जुलाई 1990 से जुलाई 1995 तक की कविताएँ हैं, 1996 में प्रकाशित होता है जब केंद्र में नरसिंह राव की काँग्रेस सरकार थी। 21 मई, 1991 को भारतीय इतिहास की एक क्रूरतम घटना हो चुकी थी जब राजीव गाँधी की हत्या की गई। बाबरी के बाद के दंगों में क़रीब 3000 लोग मारे गए, फिर 12 मार्च, 1993 को मुम्बई धमाके हुए। 21 जून, 1991 को प्रधानमंत्री बनने के बाद नरसिंह राव ने मनमोहन सिंह को वित्त मंत्री बनाया और तीन हफ़्तों में दोनों ने अभूतपूर्व पैमाने पर कथित आर्थिक उदारीकरण शुरू किया, जो यदि वंचितों के दृष्टिकोण से देखा जाए तो एक दीर्घावधि, भिन्न क़िस्म की क्रूरता का आरंभ था।

1990 के बाद अम्बुज की कविता भाषा, शैली और विषय-वस्तु के स्तर पर इतना लंबा डग भरती है कि उसे 'क्वांटम जम्प' ही कहा जा सकता है। 'क्रूरता' सहित 'नागरिक पराभव', 'बाज़ार', 'अवांछित लोग', 'पक्ष', 'नए अपराधी', 'राजनीति : कुछ सूचनाएँ', 'चहारदीवारी', 'अपने शहर लौटते लोग', 'यह बच्चा भद्र-संस्कृति से अनजान', 'आख़िरी दुकानदार', 'इस तंत्र में नौकरी' और 'जो विरुद्ध है' जैसी उनकी कविताएँ एक नए संसार में प्रवेश की रचनाएँ हैं जो क़स्बे, मँझोले शहर और अपेक्षाकृत बड़े नगर से उपजती हैं। हिंदुस्तानी ज़िंदगी की त्रासद विडंबनाएँ, उसके अन्याय, संघर्ष, कायरताएँ, पश्चाताप, उसके अकेले और सामूहिक बाशिंदे वग़ैरह कवि की दुनिया में पहले से कहीं बड़ी तादाद में दाख़िल हो रहे हैं।

बालिग़ होने ('कमिंग ऑफ़ एज') के अन्य लक्षणों में एक है अपने वर्तमान के निर्दय यथार्थ को देखना-पहचानना ही नहीं, उसे ख़ुद के जीवन पर घटित होता महसूस भी करना। जब क्रूरता का प्रवेश होगा तब प्रेम अनावश्यक हो जाएगा, क्रोध के संगठन बनेंगे, श्रेष्ठता सिद्ध करने के युद्ध होंगे; बेरहमी दिलोदिमाग़ में दाख़िल होगी, धर्मग्रंथों और इतिहास में पैठेगी, जनता उसे आदर्श बना लेगी, आत्मा उससे उदासीन हो चुकी होगी और वह निर्विरोध संस्कृति के वेश में आएगी। तुम्हें आश्वासन की जगह हथियार दिए जाएँगे। इस वक़्त की एक निर्दयता है एक दौड़ में चाहे-अनचाहे शामिल कर दिया जाना-बेशक़ यह एक 'रैट रेस' है, लेमिन्गों की आत्महंता रेल-पेल, जो आपको निगल ही लेती है और आपके जीवन में जो भी मानवीय, स्निग्ध और सार्थक था-प्रकृति, खेत-खलिहान, बचपन, दोस्त, स्वजन-वह सब बहुत पीछे छूट जाता है।

यह सब यथास्थिति-स्वीकार नहीं, परिस्थिति-बोध है। इसमें यह उम्मीद भी है कि एक छोटी-सी हँसी हमें एक बड़े शोक से बचा सकती है। परछाइयों के इस जंगल में, जो एक विचित्र श्वेत-श्याम, पॉज़िटिव-नेगेटिव संसार रचता है, जिसमें कुछ और लोग कहीं और से निर्णय ले लेते हैं कि तुम्हें किसका पक्ष लेना है, यह हमारी जिम्मेदारी है कि हम ख़ुद बताएँ कि हमारे क्रोध और घृणा किसलिए हैं, अपने हिस्से की मेहनत ख़ुद करें, अपनी ज़िंदगी ख़ुद जियें, अपना विरोध ख़ुद दर्ज़ करें और लगातार अपने हिस्से का सच कहें। भाग्य और भगवान के भरोसे काम नहीं चलता, अपने रास्ते का आविष्कार नए ढंग से करना होता है। दिए गए ज्ञान, प्रेम और धर्म के ख़िलाफ़ जाना होगा, नाइत्तिफ़ाक़ी के सख़्त पत्थर पर बैठना होगा, प्रतिबंधित लोगों की संगत करनी होगी, हर शय का मुक़ाबला नए ढंग से करना होगा।

1970 के दशक की युवा पीढ़ी ने मुक्तिबोध-सहाय की कविता को जो अंगीकृत विकास, विस्तार और अग्रसरण दिया उसे '80 के दशक के जो युवतर कवि निभाते रहे उनमें अम्बुज अग्रणी प्रतीत होते हैं। तिलिस्म, क़िले, खंडहर जैसे रहस्यमय या त्रासद ढाँचे दोनों वरिष्ठ कवियों में आते हैं और अम्बुज की 'चहारदीवारी' उनमें जुड़ती दीखती है। यह एक प्राचीर है या दीवार कहना मुश्किल है, जिन लोगों ने वीराने में इसे खड़ा किया उन्हीं ने इसे पूरी चुनवा कर उसकी वीरानी में क़ैद हो जाने का वरण किया। उस परकोटे में कभी कोई सताई हुई लड़की दिखाई देती है तो कभी नौकरी या

बर्ख़ास्तगी में बंदी एक पारिवारिक आदमी–उसमें से दुःख की आवाज़ें आती हैं, कभी गिट्टी तोड़ने, खाँसने की ध्वनियाँ, शहर के बड़े आदमी का घन गिरता है उसके पत्थर पर, कभी लगता है उसमें कहीं इच्छाओं के बेताब घोड़े हिनहिना रहे हैं। एक संकेत यह भी है कि उसके पलस्तर का चूना धीरे-धीरे खिर रहा है। इस कविता से अम्बुज की सामंतवाद या इतिहासपरक पिछली रचनाएँ तो याद आती ही हैं, यह ख़ुद कभी यथार्थ कभी प्रतीकात्मक तिलिस्म में बदलती रहती है। ऐसी कविताएँ हिंदी में कम हो पाई हैं।

लगता है कुमार अम्बुज के पास एक उम्दा डीवीडी उपकरण से खींची गई विभिन्न फुटेज हैं और उसी में शामिल डीएसएलआर कैमरे से लिए गए व्यक्तियों, वस्तुओं, दृश्यों के कई तकनीकों और कोणों से लिये गए निकट–दूरस्थ अल्बमी चित्र भी। मुक्तिबोध की सारी प्रासंगिक कविता चलचित्रात्मक हैं–वह ग्रिफ़िथ, एइज़ेनश्तेइन, लांग आदि की महान मोंताज अपनाती है जबकि रघुवीर सहाय युद्धोत्तर इतालवी दे सीकाई नवयथार्थवाद के समीपतर दिखाई देते हैं, लेकिन '70 के दशक के युवा कवि, जिनकी अधिकतम आयु 1980 में चालीस बरस के पास होगी, भारतीय सत्यजित राय, ऋत्विक घटक सहित तत्कालीन बड़े और वैविध्यपूर्ण यूरोपीय सिनेमा का एक समान्तर काव्य–प्रत्युत्तर प्रस्तुत करते हैं और कुमार अम्बुज जैसे अगले दशक के प्रतिभावान युवतर कवि उनमें शरीक़ होते हैं। 'मुलाकात' में पिता के एक पुराने मित्र से मिलने पर न सिर्फ़ उन बुज़ुर्ग के जीवन का फ्लैशबैक चलने लगता है बल्कि ख़ुद वर्णनकार (नैरेटर) और उसके पिता की पिछली सीपिया रीलें खुलती जाती हैं, लेकिन वर्तमान का लेंस भी बार-बार बुज़ुर्ग के क्लोज़–अप पर लौटता है जब वे अपने रिटायरमेंट और चार अनब्याही बेटियों का ज़िक्र करते रहते हैं और आख़िरकार विदा करते समय अपने दोस्त के बेटे को, दोस्त का एक बहुत पुराना नायाब फ़ोटो सौंप कर दरवाज़े पर खड़े देर तक उसका जाना देखते रहते हैं। इसी तरह बड़े मामा के जिस मुँह में स्वर्णजटित दाँत और भागवत–रामायण–आल्हा, गाँव–खेत–खलिहान, मामी–नानी के वृत्तांत हुआ करते थे, वह मुँह अब पोपला हो चुका है और मामा अपनी चमक खो चुके हैं तो दूसरी ओर माँ है जो अब भी जब आती है तो बेटे का घर अचम्भे और ख़ुशी से भर देती है, अपने नए चश्मे से उसकी थकान, हार–जीत, मजबूर व्यस्तताएँ देख लेती है, अपनी ख़ुद की बूढ़ी मुसीबतें उसे मामूली लगती हैं जबकि उसका अचानक आ पहुँचना बेटे के निजी पछतावों को कुछ पीछे धकेल देता है।

बैल पर शमशेर बहादुर सिंह की मार्मिक, आत्म-प्रतीकात्मक समनाम कविता उचित-ही प्रशंसित-समादृत है लेकिन लगता है कि हिंदी के जिस युवतर कवि ने इस प्यारे और शोषित देसी प्राणी को अंतरंग स्नेह से देखा है वह कुमार अम्बुज ही हैं, जिनके यहाँ बैल और उनकी गाड़ियाँ कई बार आए हैं, बल्कि इस ग़रीब प्राणी के खुरों में मवाद हो जाती है (आत्मकथ्य की पहली सुरंग में से) इसे शायद सिर्फ़ अम्बुज ने देखा-जाना है। बैलों को इतनी आत्मीयता से इसके पहले शायद प्रेमचंद ने ही पहचाना होगा। अपनी 'बैल' शीर्षक कविता में, जो फ़क़त 23 पंक्तियों की है, अम्बुज बैलों का न केवल नख-शिख वर्णन करते हैं बल्कि उनकी ऐन्द्रिक जवानी से लेकर लाचार बुढ़ापे तक की यात्रा का सार-संक्षेप देते हैं, 'कंधवार', 'नाथ-पगही', 'मुसक' सरीखे शब्द कदाचित् पहली बार हिंदी कविता में बैल के साथ प्रवेश करते हैं। भारतीय जीवन में इस पशु के हज़ारों वर्षों के योगदान के ऋण को यह कविता स्वीकार करती है–लेकिन हम अब भी उसे जोतकर या ट्रकों में लादकर ही उसे चुका रहे हैं।

काव्यलोक का विस्तार और वैविध्य 'निराला', शमशेर, भवानीप्रसाद, त्रिलोचन, मुक्तिबोध और रघुवीर सहाय में अलग-अलग मिज़ाज और मात्रा का है लेकिन उनमें से 'निराला' और शमशेर ने अपेक्षाकृत संकोचहीनता से अपने निजी ब्यौरों, हताशाओं, पराजयों को छिपाया नहीं, उनकी तरसप्रेरक नुमाइश नहीं की–औरों ने भी नहीं की–क्योंकि उन्होंने स्वयं को अवतार-पुरुष या अतिमानव नहीं बल्कि आम इंसान ही बताया, काव्य में वैविध्य केवल बाह्य का नहीं, आंतरिक या 'आत्म' अथवा 'स्व' का भी है और यह मात्र कोई आध्यात्मिक योगमुद्रा नहीं है, इसका वास्ता बहुत 'सांसारिक' मनोलोक से है। संस्कृत का कवि तो निर्वैयक्तिक है। वह अपने जीवन, मनोलोक, भावनाओं की बात तो दूर, अपना नाम तक सार्वजनिक करने में संकोच करता है। उसने एलियट से सदियों पहले व्यक्तित्व-विलोपन कर रखा था। अपनी विचारधारा, आस्था, पक्षधरता, विद्रोह, जय-पराजय, परिवेश, अपराध-बोध, आत्मकथा के ब्यौरे आदि हिंदी में पहली बार इतने दो-टूक और निस्संकोच रूप से शायद कबीर में आते हैं, कुछ मीरा में, आंशिक रूप से तुलसीदास के मानसेतर काव्य में और उसके बाद इतनी शिद्दत से 'निराला' में, फिर हिंदी कविता अनेक तरीकों से अपने निजी संघर्षों को भी मुखरित करने की सारी पर्दादारी तर्क़ कर देती है। उर्दू शाइरी का एक हिस्सा हमेशा से इक़बालिया रहा है लेकिन हिंदी में बाक़ायदा वैसा

हुए अभी सौ बरस भी नहीं हुए हैं। अब हिंदी कवि सिर्फ़ ख़ुद को नहीं देखता बल्कि अपने निकटतम परिवार, मित्रों, परिचितों-अपरिचितों, पहले और आख़िरी बार मिल या दिख जानेवालों, सजीव-निर्जीव वस्तुओं-प्राणियों, घटनाओं, स्थितियों, 'स्टिल लाइफ़'-गोया जितनी भी मुमकिन हो उतनी दुनिया-को अपनी कविता में जगह और ज़ुबान देने लगता है। यह प्रक्रिया, जो 'मैक्रो' और 'माइक्रो' दोनों स्तर पर है, '70 के दशक से कविता को अधिकाधिक लोकतंत्रीय और वैश्विक बनाने लगती है और वाक़ई सिद्ध कर देती है कि कविता के क्षेत्र में प्रबुद्ध और प्रतिबद्ध कवि के लिए कुछ भी और कोई भी वर्जित, 'आउट ऑफ़ बाउंड्स' नहीं है। ब्रह्मांड में कुछ भी अकाव्यात्मक नहीं है-जो कविता में है वही बाहर है और जो कविता में नहीं है वह कहीं नहीं है। कविता में वर्ग-व्यवस्था, वर्ण-व्यवस्था, जाति-भेद, लिंग-भेद, धर्म-भेद नष्ट होने लगते हैं।

इस तरह की ज़ंजीरें तोड़ना कुमार अम्बुज को आता है। वे जानते हैं कि ज़ंजीरें बेहिसाब फैल चुकी हैं, कभी-कभी वे उनके क़ैदियों को भी प्यारी लगने लगती हैं, उन्हें काटने की कोशिशें ख़तरनाक भी हैं, फिर भी कोई कवि ही बताता था कि भारी बेड़ी भी एक शब्द की धार से काटी जा सकती है। यह कई तरह की काव्य-वर्जनाओं के टूटने और तोड़ने से ही है कि न ज़िलाधीश कार्यालय के परिसर में दाख़िले से रचना को गुरेज़ है, न बीच बाज़ार की एक तंग गली में स्थित पेशाबघर के जायज़े से। चूँकि कविता माइग्रेन को जानती है इसलिए उसका प्रगाढ़ परिचय आयुर्वेद और होमियोपैथी से भी है, वह दोस्त के पिता की मय्यत में शरीक़ होती है, बदले हुए संबंधों और सगे-सम्बन्धियों को देखती है। दाम्पत्य जैसे संवेदनशील और जटिल विषय पर जब कवि 'इस नई होती हुई दुनिया में' लिखता है तब वह हिंदी की अक्सर पाखंडी और खोखली 'पत्नीवत्सल' रचनाओं की नकली रूमानियत को फ़ाश कर देता है। विवाहित जीवन के कई मरहलों से गुज़रती हुई यह कविता प्रेम, ऐंद्रिकता, वासना, साहचर्य, संबंधों के पठार और उतार, अधूरे सपनों और शब्दों के खोखले व्याकरण के त्रासद यथार्थ की बेबाक, अद्वितीय संरचना है। इसके पहले श्रीकांत वर्मा और रघुवीर सहाय के यहाँ ऐसी कुछ पंक्तियाँ मिल जाएँ, लेकिन इतनी मुकम्मिल, साहसिक कोशिश पहले हुई नज़र नहीं आती।

पिछले साठ वर्षों से हिंदी कविता का स्थायी, अभिभावी मिज़ाज जन-पक्षधरता का रहा है, भले ही अधिकांश कवि पार्टी-या यूनियन-सदस्य न

हों, न होना चाहें, न क्लासिकल या नव-मार्क्सवाद पढ़े हों, बल्कि कुछ पढ़ना भी न चाहते हों–एक आधारभूत साम्यवाद तो हमेशा मानवता में रहा है और रहेगा–यहाँ तक कि उनमें से कुछ को अलग-अलग कारणों से मार्क्स और मार्क्सवादियों से एक स्वस्थ नफ़रत हो या वे उन्हें कुछ कुतूहल और परिहास-भाव से देखते हों। इसका एक कारण तो यही है कि अधिकांश घटिया पत्रिकाओं में और सभी परिवारों के वामपंथी लेखक-संघों में धूर्त, मौक़ापरस्त, छद्म, कैरिअरवादी और शुद्ध मूर्ख मार्क्सबाज़ पापे छा गए। इनमें अकादमिक ग़ैर-अकादमिक 'आलोचक' भी घुस गए हैं। ज़ाहिर है लेखन भी इन ढोंगियों से बचा न होगा। लेकिन साहित्य में अब भी कुछ ऐसा है, और इसकी तफ़्तीश और विश्लेषण बहुत मनोरंजक हो सकते हैं, कि जो 'होक्स' और 'फ्रॉड' हैं वे भी जानते-मानते हैं कि कौन असली है और कौन उनकी (व्यापक) बिरादरी का, अम्बुज निर्विवाद रूप से एक पक्षधर कवि माने जाते हैं और, यद्यपि लेखक के लिए ऐसा क़तई अनिवार्य, संभव और शायद वांछनीय भी न हो, वे श्रम-संघ मोर्चे पर भी जुझारू रूप से सक्रिय रहे हैं, लेकिन इसके लिए उनकी कविता को न तो 'ग्रेस मार्क्स' दिए गए हैं न वे उनके मुहताज हैं–कुछ 'कवि' ज़रूर उसी की 'ए टी के टी' पर घिसट रहे हैं। अम्बुज जैसे कवि जानते हैं कि एक सही प्रतिबद्ध कवि साधारण इंसान की, जिसमें वह स्वयं शामिल हैं, यथासंभव सभी मनस्थितियों को पहचानने और अभिव्यक्त करने की कोशिश करता है–कभी-कभी ग़लत समझे जाने का निर्मम जोखिम उठाते हुए भी। यह उसकी प्रतिबद्धता और कला दोनों की पहली अन्योन्याश्रित शर्त है। 'अनंतिम' में कवि की दृढ़ोक्ति है : "यह थकान, यह हताशा, यह मलबा, यह पराजय/कुछ भी अंतिम नहीं है/देखते-देखते अभी उठूँगा पस्ती को रौंदता हुआ/आएगा मेरे भीतर से मेरा अपराजित मनुष्य/...नहीं कह सकता कब तक बचा सकूँगा/एक पँखुड़ी, एक पत्ती या एक बूँद आँसू/नहीं कह सकता कब तक खड़ा रहूँगा सह सकूँगा कितने वार/और कब गिर जाऊँगा समय की छाती पर/...कोई नहीं कह सकता/कि फिर से नहीं उठ पड़ूँगा मैं।"

हिंदी कविता का एक दुर्भाग्य यह रहा कि कुछ समर्थ कवि जो समाज और राजनीति को जानते हैं वे उनसे इतर देखना-पहचानना नहीं जानते या चाहते। कुमार अम्बुज की दृष्टि सपाट या एकपक्षीय नहीं है। वह विषय-वस्तु, आँखिनदेखी और आत्मानुभव का प्रसार ही है। '70 की दहाई ने यह अनिवार्य कर दिया कि कवि व्यष्टि और समष्टि को उनके अधिकतम संभव

आयामों में देखने की कोशिश करे। वैश्विक जीवन के नितांत अप्रत्याशित, अदेखे, अकल्पित कोनों से कविता खींच लाने की कूवत हिंदी के जिन कवियों के पास है उनमें अम्बुज भी हैं। संस्कृत परंपरा ने हमेशा अस्तित्व-चिंतन को अनिवार्य माना है, हमारी आध्यात्मिक-आस्थानिरपेक्ष पुस्तकें उससे ओतप्रोत हैं किंतु बीच में हिंदी कविता ने उस क्षेत्र में अपना प्रवेश वर्जित कर लिया था। अम्बुज सरीखा कवि जब अपनी रचना में अपने 'पर्सोना' को एक पत्ता, रक्त के थक्के की तरह दु:ख, मिट्टी का ढेला, अचेतन का अनचीन्हा स्वर, एक नैतिक वाक्य में अटका हुआ पराजित जीवन या एक बार-बार गिरता-उठता संकल्प जैसा देखता है तो वह 'निराला', शमशेर और मुक्तिबोध की अपनी-अपनी आनुषंगिक मन:स्थितियों का एक संस्करण है और इधर की हिंदी कविता की एक वर्जना को तोड़ता है। कवि की 'एक और शाम', 'परिचय बार-बार', और 'चित्र-विचित्र' सरीखी रचनाएँ इसी तरह की मनोदशाओं की हैं। 'अमीरी रेखा' में स्वयं को वह ग़लत ही सही किंतु नव-धनाढ्यता का मुजरिम क़ुबूल करता है।

'शोकगीतिका' जैसी कविता पर भी कम ध्यान गया होगा जो एक ही अवधि, नाटकीय ढंग से चाहें तो 'युग' के बारे में चश्मदीद गवाहों और 'भुक्तभोगियों' की अलग-अलग शहादतों को पेश करती है–पिता उस ज़माने के बारे में कुछ कहते हैं, उन्हीं दिनों की दादी की मुश्किलें उनसे मेल नहीं खातीं और पड़ोस के मुँहबोले बाबा के लिए तो वह दौर इतना भयानक था कि वह उसका ज़िक्र भी नहीं करना चाहते यानी "एक ही वक़्त के बारे में इतनी तरह की अनुभूतियाँ हैं/ इतनी तरह की स्मृतियाँ/कि हमारे अनुभव के सुख सरोवर में/दूसरों के अनुभव के विशाल पत्थर गिरते चले जाते हैं/एक हरी स्मृति को उसी क्षण काटती है/ एक कत्थई या काली स्मृति/मेरे शोक के अजर स्रोत मेरे इतिहास में भी हैं।" कविगण स्वयं इस प्रतिक्रिया-शृंखला या संक्रामकता में शामिल हैं, अपने और ज़माने-भर के पल-पल परिवर्तित बोझ, जो बुरी खबरों की तरह भी होते होंगे और सुसमाचारों जैसे भी, एक विचित्र अनंत 'खो-खो', 'रिले-रेस' या 'लेबर-चेन' में आगे पहुँचाते रहते हैं।

'चुम्बक', 'रेखागणित', 'जीवाश्म', और 'असाध्य रोग' जैसी अम्बुज की कविताएँ उनकी 'ज़ंजीरें', 'आयुर्वेद', 'होम्योपैथी', 'हारमोनियम की दुकान से' और 'माइग्रेन' सरीखी हिंदी कविता के विश्व को विस्तार देने वाली रचनाओं की अर्गला की अगली कड़ियाँ ही हैं और नितांत अप्रत्याशित

इलाक़ों से काव्यात्मकता खींच लाने की उनकी सिफ़त को रेखांकित करती हैं–लेकिन उससे भी ज़्यादा शायद इसे कि कवि की दिलचस्पियाँ, तेज़निगाही, कल्पनाशीलता और फ़नकारी किस स्तर और सीमा तक पहुँच चुकी हैं। 'प्रतिबद्ध विवेकशील विश्वबोध' की जिस अल्पलक्षित अवधारणा को कुछ दिनों पहले सृजन और आलोचना दोनों के मूलाधार के रूप में प्रस्तावित किया गया था, कुमार अम्बुज हिंदी के उन कवियों में से हैं जिनकी कविता उसे विलक्षण रूप से प्रतिबिंबित और पुष्ट करती है, बल्कि यह भी संभव है कि वह ऐसी कविता (और उसके मूल्यांकन) से भी विकसित हुई हो। यह वह कविता है जिसका दृष्टिसंपन्न कला–शिल्प हर स्थावर–जंगम को कविता में बदल देने का सामर्थ्य रखता है।

कुमार अम्बुज विशिष्टतः निम्न मध्यवर्ग, लिहाज़ा गाँव, क़स्बे, छोटे शहर या लघुनगर के, और इस तरह इस देश के बहुमत के कवि हैं। उनकी जड़ें उसी में हैं। उनके यहाँ क़स्बों–शहरों के अनेक चित्र हैं, उनकी हर क़िस्म की यादें हैं, वे बार–बार वहाँ लौटते हैं, यह जानते हुए भी कि वह भी बदल रहे हैं और वे भी बदल रहे हैं। यही वजह है कि उनका अतीत–राग रुग्ण नहीं रहता, एक चिंता–भरी स्नेह–भावना में बदल जाता है। अम्बुज की उपलब्धि अपने हर शहर–क़स्बे को एक ऐसी सार्विकता देने की रही है कि हमें भी अपने कैशोर्य–युवावस्था के घर–मोहल्ले, रास्ते, बाग़, पेड़, पुलिया, वीरान इलाके, आवाज़ें, सारे पहर, रंग, गंध, इमारतें, बाशिंदे, यार–दोस्त, दिलकुशा मुहब्बतें वगैरह बेसाख़्ता याद आने लगते हैं। 'शाम', 'आवाज़ों की धूल', 'मेरे चारों तरफ़', (विशेषतः) 'जैसे मेरे ही शहर में', 'कहीं भी कोई क़स्बा', 'चाँद तुम्हारे साथ कुछ दूर तक', 'यहाँ पानी चाँद की तरह चमकता है', 'जगमगाते हैं सितारे' और 'कुछ शहरों को याद करते हुए' जैसी कविताएँ ऐसे ही क़स्बों को जीवंत करती हैं लेकिन अम्बुज की एक ख़ूबी यह भी है कि उनमें एकतानता नहीं है, कुछ अंतरंग रस की कविताओं में भी वे शहर ले आते हैं; वे उस बॉलर की तरह हैं जो बहुत कम लूज़ बॉल करता है और हर गेंद में एक्शन, रफ़्तार, फ़्लाइट, लंबाई, स्पिन, सीम, डायरेक्शन, 'दूसरा' आदि की एक–न–एक बारीक़ 'वैरिएशन' हासिल कर लेता है।

यह सब होना कुमार अम्बुज की उपलब्धि नहीं, विवशता है क्योंकि कवि की कला और प्रतिबद्धता की 'डबल हेलिक्स' या उसके सर्जक का 'डीएनए' ही ऐसे हैं। मेरा हमेशा यह मानना रहा है कि कलाकार के रूप में आप अपना सर्वोत्तम और मार्क्सवादी के रूप में अपना क्रूरतम नैतिक देने

की महत्तम कोशिश नहीं करते तो आप न तो सही आर्टिस्ट हैं, न सही मार्क्सिस्ट। मैं कुमार अम्बुज को कोई महान या अवतार-पुरुष नहीं बता रहा–उन्होंने ख़ुद अपने बारे में ख़ुशफ़हमियाँ नहीं पाल रखी हैं–लेकिन आज हिंदी में उन जैसे तसल्लीबख़्श कवि कम दिखाई देते हैं। उनकी कविताओं में इस देश की राजनीति, समाज और उसके करोड़ों मजलूम नागरिकों के संकटग्रस्त अस्तित्व की अभिव्यक्ति है। वे सच्चे अर्थों में जनपक्ष, जनवाद और जन-प्रतिबद्धता की रचनाएँ हैं। जनधर्मिता की वेदी पर वे ब्रह्मांड और मानव-अस्तित्व के कई अप्रमेय आयामों और शंकाओं की संकीर्ण बलि भी नहीं देतीं।

'किवाड़', 'क्रूरता' के बाद 'अनंतिम', 'अतिक्रमण' और 'अमीरी रेखा', इन पाँच संग्रहों में फैली हुई 302 कविताओं से मात्र तीस प्रतिशत के क़रीब चुनना आसान नहीं था। कुमार अम्बुज हिंदी के उन विरले कवियों में से हैं जो शायद अपने सृजन के प्रारम्भिक चरणों से ही स्वयं पर एक वस्तुनिष्ठ संयम और अपनी निर्मिति और अंतिम परिणाम पर एक जिम्मेदार गुणवत्ता-दृष्टि रखते हैं। इसलिए उनकी कविताओं में से कमतर चीज़ें खोज निकालना या छाँटना आसान नहीं है। उनकी रचनाओं में एक नैनो-सघनता, एक ठोसपन है–लंबी-से-लंबी कविताओं से भी ग़ैर-ज़रूरी, ढीली-पोली, स्पंज-सरीखी एक पंक्ति तक निकालना कठिन है और उनके शब्दों और विरामादि-चिह्नों में से भी बहुत कम हटाए या बदले जा सकते हैं। अभिव्यक्ति और भाषा को लेकर ऐसा आत्मानुशासन, जो दरअसल एक बहुआयामी नैतिकता और प्रतिबद्धता से उपजता है और आज सर्वव्याप्त हर तरह की नैतिक, बौद्धिक तथा सृजनपरक काहिली, कुपात्रता तथा दलिद्दर के विरुद्ध है, हिंदी कविता में ही नहीं, अन्य सारी विधाओं में दुष्प्राप्य होता जा रहा है। अम्बुज की उपस्थिति मात्र एक उत्कृष्ट सृजनशीलता की नहीं, सख़्त पारसाई की भी है।

–विष्णु खरे

अनुक्रम

भूमिका : प्रतिबद्ध बहुआयामी सृजनशीलता 5

रात तीन बजे 21
नींद और नींद से बाहर 21
किवाड़ 22
ज़रा-सी देर में 23
भरी हुई बस में लाल साफ़ेवाला आदमी 25
तुम्हारी जाति क्या है? 26
एक दीवार पर दो तलवारें देखकर 27
संभावना 28
स्वप्न 29
कटे हुए खेत को देखकर 30
दो बूढ़ी स्त्रियों का मिलन 31
अनिवार्य-स्त्री 32
मोड़ 33
गाँव की याद में एक गीत 34
बारात 35
बासी अख़बार 36
क़िला 38
नागरिक पराभव 39
मुलाक़ात 40
क्रूरता 42
चँदेरी 43
दौड़ 44
थकान 45
इस समय में 46
दायित्व 47
अवांछित लोग 47
पक्ष 48
इधर का जीवन 49
नए अपराधी 50
राजनीति : कुछ सूचनाएँ 50
परछाईं 51
चहारदीवारी 52
बैल 53
उपकार 54
बड़े मामा का मुँह 55
अकस्मात् एक दिन 56
अपने शहर लौटते लोग 57
भाग्य 58
यह बच्चा भद्र-संस्कृति से अनजान 59
साध्वियाँ 60
अभ्यास 60
जो विरुद्ध है 61
एक राजनीतिक प्रलाप 62
ज़ंजीरें 63
धुंध 66

शाम 66
जब दोस्त के पिता मरे 67
चोट 68
आयुर्वेद 69
होमियोपैथी 70
ज़रा-सी ऊँचाई से 71
आवाज़ों की धूल 72
माइग्रेन 73
जेब में सिर्फ़ दो रुपये 75
इस नयी होती हुई दुनिया में 75
मैं क्या हूँ! 77
हारमोनियम की दुकान से 78
इस काल में 79
माँ अतिथि है 80
जैसे मेरे ही शहर में 80
वह पेशाबघर 81
ज़िलाधीश कार्यालय के परिसर में 82
मेरे चारों तरफ़ 83
अनंतिम 84
चुंबक 84
एक और शाम 86
अतिक्रमण 88
बहस की ढलान पर 88
रेखागणित 90
भाषा से परे 92
परिचय बार-बार 93
चित्र विचित्र 94
मैं ऐसे आततायी को जानता हूँ 95
जीवाश्म 96
शोकगीतिका 97
कि 99
परंतु 100

101 ग़रीब की बुदबुदाहट का अनुवाद
102 ख़ाली प्लॉट में जीवन
103 असाध्य रोग
105 यहाँ तक आते हुए
107 जिन्हें तुम धन्यवाद देना चाहते हो
108 सब तुम्हें नहीं कर सकते प्यार
109 अमीरी रेखा
110 परचम
111 अन्याय
112 भाई
114 हत्यारे की जीवनी
116 पूर्वजन्मों की स्मृति
117 खाना बनातीं स्त्रियाँ
120 तानाशाह की पत्रकार-वार्ता
120 नयी सभ्यता की मुसीबत
121 संस्कार
123 कहीं भी कोई क़स्बा
124 संग्रहालय
125 विजेता का इतिहास
126 वस्तुओं का न्याय
126 आदमी जो बनना चाहता था
128 चाँद तुम्हारे साथ कुछ दूर तक
129 मृतकों की सूची
130 यहाँ पानी चाँदनी की तरह चमकता है
132 पिताओं के बारे में कुछ छूटी हुई पंक्तियाँ
133 जगमगाते हैं सितारे
134 कुछ शहरों को याद करते हुए
134 कहीं कोई ज़मीन नहीं
136 कई जन मित्र नहीं रह पाते हैं

रात तीन बजे

एक आवाज़ आती है
रात तीन बजे की नींद में

यह कुएँ में बाल्टी डूबने की आवाज़ है
या बिल्ली बगल की छत पर कूद गई है
कि एक औरत ने
अपना रोना तेज़ी से रोक लिया है
यह किसी पत्थर के गिरने की आवाज़ है
या एक बीमार की कराह
कि रात में पत्ता इसी तरह टूटता है?

यह नेपाली चौकीदार के डंडे की
दीवार पर फटकार की आवाज़ है
या शाम से आम के पत्तों में छिपा
घर से भागा-रूठा लड़का
मौका देख कर कूदा है माँ की गोद के लिए
या फिर किसी ने
डुबकी लगाई है तालाब में
यह गोली की आवाज़ है
या आदमी के धूल में गिर जाने की?

यह कैसी आवाज़ है
जो आई है जब से
मेरी नींद की छाती पर बैठ गई है!

नींद और नींद से बाहर

मेरी अपनी एक गहरी नींद है
जिसकी उम्र में शेष है पूरी रात का समय

एक धरती है मेरी अपनी
जहाँ बचपन के फूल अनवरत झर रहे हैं
झर रहे हैं अनाज के दाने
भूख का सपना
नींद के चमकदार सूप में झर रहा है
और दानों के फटके जाने की आवाज़
पूरे ब्रह्मांड में गूँज रही है

नदी एक आँसू है
पृथ्वी के गाल पर बहता हुआ

मेरी नींद से बाहर की धरती पर
मेरे पूरे जीवन का समय शेष है
झर रहे हैं जहाँ
मेरे सलोने जवान दिन
भूख झर रही है पत्ती की तरह
नदी की गहराई बढ़ाते हुए
पिचक गए हैं पृथ्वी के सलोने गाल

नींद से बाहर नींद एक कठिन सपना है

जहाँ
रक्त की आवाज़ के अलावा
नहीं है कहीं कोई आवाज़।

किवाड़

ये सिर्फ़ किवाड़ नहीं हैं

जब ये हिलते हैं
माँ हिल जाती है
और चौकस आँखों से
देखती है–'क्या हुआ?'

मोटी साँकल की
चार कड़ियों में

एक पूरी उमर और स्मृतियाँ
बँधी हुई हैं
जब साँकल बजती है
बहुत कुछ बज जाता है घर में

इन किवाड़ों पर
चंदा सूरज
और नाग देवता बने हैं
एक विश्वास और सुरक्षा
खुदी हुई है इन पर
इन्हें देखकर हमें
पिता की याद आती है

भैया जब इन्हें
बदलवाने का कहते हैं
माँ दहल जाती है
और कई रातों तक पिता
उसके सपनों में आते हैं
ये पुराने हैं लेकिन कमज़ोर नहीं
इनके दोलन में एक वज़नदारी है
ये जब खुलते हैं
एक पूरी दुनिया हमारी तरफ़ खुलती है

जब ये नहीं होंगे
घर
घर नहीं रहेगा।

ज़रा-सी देर में

ज़रा-सी देर में बड़ा हो गया मैं
और गाँव की सिवान से बाहर निकल आया
शहर की लड़की से प्यार किया
और ज़रा-सी देर में वह लड़की

लिपस्टिक की दुनिया में ग़ायब हो गई
ज़रा-सी देर में मैं शराब पीने लगा
कॉलेज की आख़िरी साल की परीक्षा से भाग आया
नौकरी खोजते हुए भूल गया मैं
गेहूँ-चने के खेत
मेथी की भाजी और एक कोस दूर कुएँ का पानी

ज़रा-सी देर में नौकरी मिली
और आज तक नहीं छूटी

ज़रा-सी देर में नीम पर निंबोरी आ गईं
और आँखों में पानी
पत्ते पीले पड़ते हुए डाल छोड़ने लगे
छूट गई प्यार भरी जगह
और नई जगह का पानी सेहत के ख़िलाफ़ हो गया
ज़रा-सी देर में दोस्त बने
और कपड़ों से बारिश की गंध आने लगी

ख़त्म हो गई बैलों की जुगाली
ज़रा-सी देर में मैदान बनते हुए ख़त्म हो गए
वृक्ष और पहाड़
ख़त्म हो गए चावल, गेहूँ और रसोईघर के चूहे
ज़रा-सी देर में हरित-क्रांति फैल गई
फैल गया हैज़ा
एक हवाई-जहाज़ पक्षी की तरह गिर पड़ा
खिलौने की तरह लुढ़क गई रेलगाड़ी
ज़रा-सी ही देर में लड़की झूल गई पंखे पर
और टूट गए
मज़बूत दिखने वाले पिता के कंधे

थके आदमी की गहरी नींद में
बस ज़रा-सी देर में चिड़ियाँ बोलने लगीं
'उठो, काम का वक़्त हो गया!'

भरी हुई बस में लाल साफ़ेवाला आदमी

ठसाठस भरी बस में वह आदमी
कंबल में एक गठरी लिए चढ़ रहा है
और बस में
खड़े होने की जगह भी नहीं है

कंबल में गठरी नहीं है सिर्फ़
उसमें एक सात-आठ साल का बच्चा है
बमुश्किल साँस के साथ पसलियाँ हिलाता हुआ
और लाल साफ़ेवाले आदमी के पास
एक खुरदरा चेहरा है
इस वक़्त थोड़ा परेशान और उदास
वह खड़ा है एक कंधे और एक हाथ पर
बच्चे की बीमार देह सँभाले
सँभालता हुआ दूसरे हाथ से बस के हिचकोले
धीरे-धीरे बच्चे की बीमारी रेंगकर आ गई है
उसके खुरदरे चेहरे पर
जहाँ मिचमिचा रही हैं पनीली आँखें

वह जानना चाहता है आने वाले क़स्बे के बारे में
वह जानना चाहता है बस आख़िर
कितनी देर लगाएगी उस क़स्बे को छूने में
और बस-ड्राइवर उसे झिड़ककर
चैन से सुनना चाहता है कैसैट पर एक ग़ज़ल

पूछना चाहता है लाल साफ़ेवाला आदमी
जब वोट डालने के लिए चलना पड़ता है
सिर्फ़ दो मील
तो इलाज कराने के लिए बीस मील क्यों?
क्यों नहीं है उसके अपने गाँव में डामर-रोड
और कम से कम एक कम्पाउण्डर वाला अस्पताल
वह जानना चाहता है इस बस में
जब भरे-पूरे स्वस्थ विधायक के लिए

सुरक्षित है बैठने की जगह
तो एक बीमार बच्चे
और थके-हारे इंसान के लिए क्यों नहीं?

वह जानना चाहता है उसकी ज़िंदगी का मतलब
वोट डालने के अलावा और कहाँ है
लगान देने में पटवारी को रुपया देने में
हवलदार से डंडा ख़ाने में
महज़ दो रोटी के लिए
दिन-रात हाड़ तोड़ने में?
और कहाँ है
कहाँ है उसकी ज़िंदगी का मोल?

वह अभी उतर जाएगा इस भीड़ भरी बस से
और लुटा देगा डॉक्टरों में
अपनी ज़िंदगी की गाढ़ी कमाई।

तुम्हारी जाति क्या है?

तुम्हारी जाति क्या है कुमार अंबुज?

तुम किस-किस के हाथ का खाना
खा सकते हो
और पी सकते हो किसके हाथ का पानी

चुनाव में देते हो किस समुदाय को वोट
ऑफ़िस में किस जाति से पुकारते हैं
लोग तुम्हें
जन्मपत्री में लिखा है कौन-सा गोत्र
और कहाँ ब्याही जाती हैं
तुम्हारे घर की बहन-बेटियाँ

बताओ अपने धर्म
और वंशावली के बारे में

किस मस्जिद किस मंदिर किस गुरुद्वारे में
किस चर्च में करते हो तुम प्रार्थनाएँ

तुम्हारी नहीं तो अपने पिता
अपने बच्चों की जाति बताओ

बताओ कुमार अंबुज
इस बार दंगों में रहोगे किस तरफ़
और मारे जाओगे
किसके हाथों?

एक दीवार पर दो तलवारें देखकर

कब कौन-से युद्ध लड़े गए इनसे
किसी को याद नहीं
दीवार के चेहरे पर
मूँछों की तरह चिपकी हुई ये तलवारें
इस मकान को विरासत में मिली हैं

दशहरे की पूजा के निशान
साल भर चमकते हैं मूठ पर
घर का मालिक मेहमान से बात करते हुए
कनखियों से तलवारों की तरफ़ देखता है
और दोनों के बीच दो तलवारें खड़ी हो जाती हैं
जिन्हें मालिक मूँछों की तरह उमेठता है

तलवारें याद दिलाती हैं
घर कभी ज़मींदारी की रोशनी में जगमगाता था
तलवारें बताती हैं लोग झुककर सलाम करते हुए
अपने ही जूतों पर बैठकर बात करते थे
कि तलवारों पर नहीं पड़ सकी कभी
किसी नीच आदमी की परछाईं

ये तलवारें उजड़ चुके वैभव का चमकदार दुःख हैं
रात की गहन चुप्पी में इनकी मूठों से
कराह और रोने की मिली-जुली आवाज़ आती है

कुछ घुड़सवारों के कटे हुए हाथ
तलवारों को रात भर भाँजते हैं

यह पूरी दीवार इन तलवारों के सहारे है
और पूरा घर इस दीवार के सहारे
अगर हट गईं ये तलवारें
तो भरभराकर गिर पड़ेगा यह घर

फिलहाल इनके लोहे पर ज़ंग लग चुका है
और धार पड़ गई है भोथरी इतनी
कि नहीं काटा जा सकता इनसे
एक आलू भी!

संभावना

यह भयावह ख़तरा था
कि मेरी याददाश्त बाक़ी थी
आँखों में रोशनी
और हृदय में प्यार बाक़ी था
और अभी भी मैं
लोगों को उनकी जातियों से नहीं पहचानता था

यह ढीठता थी कि गहराते रेगिस्तान के बावजूद
थोड़ा-सा द्रव शेष था मेरे भीतर
और थोड़ी-सी उम्मीद
जो रह-रहकर एक पुराने लैम्प की
बत्ती की तरह काँपती थी
यह एक ऐसी चीज़ थी
कि मैं दूर से ही पहचान लिया जाता था
लोगों की पवित्र भावनाओं पर ठेस थी
कि मैं पहचान में आता था

सबसे बड़ी अराजकता थी
कि मैं ज़रा-ज़रा-सी चीज़ों में
अपनी ख़ुशी ढूँढ़ रहा था

कबाड़ के सामान में भी मिल जाती थी मुझे
मेरी प्रसन्नता
यह एक ऐसा दुर्गुण था
जो लोगों में क्रोध और ईर्ष्या फैला रहा था

यह ख़तरनाक था कि मैं इतिहास पढ़ चुका था
और विज्ञान में मेरी गहरी रुचि थी
यह विद्रोह था कि मैं बच्चों के खेल में
अपने पूरे बचपन के साथ शामिल होना चाहता था
आतंकवाद था यह
कि मैं फुटबॉल और लूडो खेल सकता था

सबसे बड़ी हिमाकत थी
कि मैं प्रेमिका के होंठों को चूम सकता था
छू सकता था उसकी देह
मीलों दौड़ सकता था झरने की आवाज़ के पीछे
और तितलियों में मेरी दिलचस्पी बाक़ी थी

लेकिन यह लगभग अंतिम था
इससे ज़्यादा और क्या अंतिम हो सकता था
कि मैं अधर्म को
धर्म कहने में उनके साथ नहीं था

मेरे पक्ष में केवल एक संभावना थी
कि मैं अपनी हरकतों में
अकेला नहीं था।

स्वप्न

वे तमाम कल्पनाएँ जो होनी हैं साकार अभी
वे अबूझ रहस्य जो होने हैं बेपर्दा
और वे कंदराएँ
जहाँ रोशनी लेकर पहुँचना है अभी

स्वप्न
इन सबकी शुरुआत है

सख़्त ज़मीन के स्वप्न में तैयार होती है
कुदाल की नोक
ज्योंही सूखता है पक्षियों का गला
पोखर इकट्ठा करते हैं ज़्यादा पानी
ठिठुरते आदमी के आसपास
खेत में खिलता है ज़्यादा कपास

एक स्वप्न में मारे जाते हैं सारे परमाणु-आयुध
बकरियों को मिलती हैं हरी-पत्तियाँ
मछलियों की पुतलियों में आती है चमक
पिघल जाती है घृणा की बर्फ़
और मिट जाते हैं
नक़्शों से सीमाओं के सारे निशान

सिम्फनी की तरह एक रात बजती है
और धर्म-ग्रंथों के शाप से मुक्त यह धरती
अधिक संतुलित घूमती हुई अपनी धुरी पर
छपकेदार कत्थई-हरी हो जाती है।

कटे हुए खेत को देखकर

ज़मीन का यह हिस्सा सबसे अधिक प्रसन्न है
सबसे ज़्यादा ज़िंदा है ज़मीन यहाँ
स्पंदन और ऊष्मा से भरी हुई

प्रसव के बाद की यह ज़मीन
बगल में लेटे शिशु-गट्ठर को देखती हुई
पुलक रही है
चमक रही है डंठलों पर
उत्साह भरी ममता
और थोड़ी-सी संतुष्ट थकान

मैं इस रूप को
अपनी आँखों में भरना चाहता हूँ
लेटना चाहता हूँ इसकी गोद में

बस रोको! रोको ड्राइवर!
मैं यहीं उतरना चाहता हूँ
मुझे सचमुच आना था
यहीं तक

हाँ, यहीं हो रही थी मेरी प्रतीक्षा
कि इस वक़्त
बेहद ज़रूरत है इस ज़मीन को
थोड़े-से प्यार की
थोड़े-से धन्यवाद की।

दो बूढ़ी स्त्रियों का मिलन

पिछले कुंभ मेले से
अपने बिछोह की गणना करते हुए
दो बूढ़ी स्त्रियाँ अपनी उम्र की
अंतिम सीढ़ी पर मिलती हैं

वे सीधे एक-दूसरे के गले लग जाती हैं
उनकी आँखों में मोतियाबिंद के
धुँधले आँसू चमकते हैं
वे कुछ नहीं बोलतीं बहुत देर तक
चिपटाए रहती हैं कसकर ख़ुद से ख़ुद को

उनकी विधवा-पीड़ा बेहद समान
बहुत पारदर्शी होती है
उनकी भाषा
शब्द-विहीन दुःखों की भाषा होती है
उनके बच्चे
किसी मेले की भीड़ में गुम चुके होते हैं
गले की नीली नसें पिचक गई होती हैं
उनकी एड़ियाँ फटकर
कठोर हो गईं हैं

व निःशब्द
सब कुछ जानती हुई एक-दूसरे का
बहुत देर तक
झुर्रियों से भरा हाथ थामे रहती हैं।

अनिवार्य-स्त्री

उसके बारे में हम
व्यवस्थित रूप से कुछ नहीं जानते थे
मगर चुनकर लाए थे

उसके तन को अनावृत करते हुए
उसके मन को कई-कई पर्तों से ढकते हुए
रोज़-रोज़ लाँघते हुए उसे
जीतते हुए उसकी देह
हम भूल गए उसकी युगीन-अलंघ्यता
उसकी अजेयता

भूल गए उसके सरल स्वप्न और सहज इच्छाएँ

पड़ोस और विज्ञापनों की
देदीप्यमान स्त्रियों के बारे में
लगातार उम्मीद से भरे हुए हम
विस्मृत करते रहे अपनी कुरूपताएँ
और एक स्त्री का आदिम दुःख

उसकी समस्त संभावनाओं को
धीरे-धीरे असंभव करते रहे हम
और वह अपनी दुर्बल काया की
मुट्ठी भर अस्थियों की चुटकी भर मज्जा से
हमें सबल बनाती हुई
हमारी असभ्यताओं में खोजती रही
अपनी सभ्यता
वह हमेशा जानती रही

हमारे लिए उसकी विकल्पहीन-अनिवार्यता
नम्रतापूर्वक वह जानती रही खुद को
जैसे जानते हैं पहाड़ अपनी ऊँचाई
समुद्र अपनी गहराई
और आकाश अपनी नीलिमा

अनिवार्य-स्त्री ने कभी नहीं जताई हमें
अपनी अनिवार्यता
और लगातार
अनिवार्य बनी रही।

मोड़

अक्षरों में जाते हुए हम
गुज़रते हैं ज़िंदगी के सबसे कोमल
और पारदर्शी मोड़ से

मगर इस मोड़ के बाद नहीं दिखाई देती
नौकरी
और अपने शरीर की बीमारी

दिखाई देते हैं बस
हवा में फड़फड़ाते हुए पन्ने
उड़ते हुए कुछ शब्द-बीज
कभी न थकते दो हाथ
अपनी कच्छप-हँसी से पृथ्वी सँभाले हुए कुछ बच्चे
एक सख़्त रोबदार पीठ पर बैठा बचपन
कुछ तितलियों के पंखों के रंग
अँगूठे और तर्जनी के पोरों पर

और दिखाई देते हैं
आसपास के असह्य दुःख
काली-मटमैली चिंताएँ
चमकती हुई कुछ यातनाएँ
दो वक़्त की भूख

एक फटी हुई पैंट
टपकती कच्ची छत
और कंधे पर हाथ रखे हुए कुछ बदहाल दोस्त

इस मोड़ के पीछे
बहुत दूर तक नहीं है रोशनी
इस मोड़ के आगे
बहुत दूर तक नहीं होगा अँधेरा।

गाँव की याद में एक गीत

चीटियाँ आओ
क़तार में
दहलीज़ से गुज़रो
मुँह में अन्न दबाओ!

गाय आओ
अलस्सुबह रँभाओ
लिपे ओसारे में
लार टपकाओ!

कुत्ता आओ
पंजों से
अपनी रोटी के लिए
किवाड़ बजाओ!

कौआ आओ
सुबह की धूप में
घर की फुनगी पर
पंख खुजलाओ!

पीपल आओ
दुपहरी में
पत्ते हरे-पीले
आँगन में गिराओ

बच्चो आओ
नाक पोंछते
दौड़ गली में
शोर गुँजाओ!

बारात

रास्तों पर बनते जा रहे हैं
चक्कों के निशान
लौट रही है बैलगाड़ियों पर
गाँव की बारात

पीतल-काँसे के बर्तन
निवाड़ का पलंग
बछड़ेवाली गाय
और टीन की एक सन्दूक का दहेज लेकर
लौट रही है बारात

कलगी की टोपीवाला दूल्हा
और उसकी कटार
महावर और गहरी मेंहदी से सजी दुल्हन
और उसका बेंदा
हल्दी के छापोंवाली हथेलियों की कमीज़ें
और गुलाबी साफ़ोंवाले बारातियों के साथ
लौट रही है बारात

ताँबे की गागर और सिंगारदान
बाजूबन्द, बजट्टी और करधनी
सूप, गंगाजली और बाँस की डलिया
खाजे, बेसनिया और नुकती
चाँदी की माता, सालिगराम
और आँटी में बँधा नारियल...!
धीरे-धीरे सभ्यता के गाल में समा रहीं

बहुत-सी दुर्लभ चीज़ों के साथ
लौट रही है गँवई-बारात

गाँव के सिवान से आ रही है
ढपलों की आवाज़!

बासी अख़बार

हम सब चाहते हैं ताज़ा अख़बार
अख़बार जो रहता है ताज़ा
सिर्फ़ पढ़े जाने तक
मगर बासी अख़बार चाहता है हमें
उसकी पूरी ज़िंदगी भर-
सफ़र में पंखा झलने
अलमारी में बिछ जाने
और किताब पर चढ़ जाने से लेकर
कचरा रखकर फेंक दिए जाने तक

बासी अख़बार पर कई ज़िंदगियाँ
टिकी रहती हैं ताज़े ढंग से
बासी अख़बार के लिए
दूर-दूर से आते हैं लोग
अधिकतर बच्चे
कोटा से बीना से सागर से
भाव की गुंजाइश लिए झेलते हैं परदेश
'चार आने ज़्यादा ही सही
माँजी! रद्दी लाओ तो'

पसीजती हैं माँजी
बाज़ार ले जाकर
रद्दी बेचने की इल्लत को
अख़बारों पर पड़ी धूल के साथ
झाड़ते हुए माँजी
अख़बारों का ढेर लाती हैं

और बच्चा यकायक तबदील होता है
एक बड़े आदमी में

कमाया हुआ अनुभव काम में लाता है
होशियारी से तौलता है रद्दी
माँजी बड़बड़ाती हैं लगातार
निगाह रखती हैं डंडी पर
बच्चा अख़बार भी तौलता है
माँजी को भी
रखता है दोनों का ख़्याल

अख़बार का रद्दी के रूप में बिक जाना
बासी अख़बार की
लंबी क़ैद से मुक्ति की कहानी का
आरंभ है
ठीक यहीं से बासी अख़बार
ज़िंदा होता है पूरी ताज़गी के साथ
इस ताज़गी की पहली खुराक
बच्चा और माँजी बाँटते हैं
आपस में

अब बासी अख़बार बनता है
दुकान की रद्दी या लिफ़ाफ़ा
और ढोकर लाता है घर में
किराना मसाले फल दवाइयाँ...
सब कुछ सभी के लिए

लिफ़ाफ़ा खाली करने के बाद
भाभी पढ़ती हैं
उसकी आधी-अधूरी ख़बरें
बच्चे खेलते हैं फुग्गा-फुग्गा
और आख़िर में अम्माँ
बच्चों से छीनकर लिफ़ाफ़ा
जलाती हैं चूल्हा
ताज़ा आग पैदा होती है

ताज़े भोजन के लिए
बासी अख़बार से

जलते हुए भी बासी अख़बार
पैदा करता है ताज़गी
और मिलता है ताज़ी हवा में!

क़िला

मुख्य दरवाज़ा जाम हो गया है
चूना अपनी ताक़त खो चुका है
और दीवारों के भारी पत्थर हिल रहे हैं
यह था कभी राजा का दरबार

जिसके गुम्बद से उड़ गई चमगादड़ अभी
यही था रनिवास
कबूतरों की बीट और बू से सना हुआ यह कमरा
एक ख़ास कमरा था राजा का
गुप्त-मंत्रणा के कमरे तक जाने वाली सीढ़ियाँ
जिन पर रक्त के निशान हैं
धसक चुकी हैं

स्नान-सरोवर का घाट टूट गया है
और पानी में गुलाब की पंखुरियों की जगह
काई तैर रही है
जिस झरोखे से एक-दूसरे को चूमते हुए
राजा-रानी सूर्यास्त देखते थे
वहाँ पुरातत्त्व के इंजीनियर ने 'ख़तरा' लिख दिया है
दरकी हुई मीनारों का रंग
गहरा काला हो गया है

जिधर बाग़ था वहाँ अब लंबी डरावनी घास है
रात में इधर चोर-डाकू भी नहीं आते
और दिन में इस क़िले को देखने के लिए
लगता है सिर्फ़ एक रुपया

एक रुपये में दिखाई देता है
क़िलों का इतिहास और भविष्य
एक साथ यहाँ

इस पुराने जर्जर क़िले में।

नागरिक पराभव

बहुत पहले से प्रारंभ करूँ तो
उससे डरता हूँ जो अत्यंत विनम्र है
कोई भी घटना जिसे क्रोधित नहीं करती
बात-बात में ईश्वर को याद करता है जो
बहुत डरता हूँ अति धार्मिक आदमी से

जो मारा जाएगा अगले दिन की बर्बरता में
उसे प्यार करना चाहता हूँ
कक्षा तीन में पढ़ रही पड़ोस की बच्ची को नहीं पता
आनेवाले समाज की भयावहता
उसे नहीं पता उसके कर्णफूल
गिरवी रखे जा चुके हैं विश्व-बैंक में
चिंतित करती है मुझे उसके हिस्से की दुनिया

एक छोटा-सा लड़का आठ गिलास़ का छींका उठा कर
आसपास के कार्यालयों में देता है चाय
सबके चाय पीने तक देखता है सादा आँखों से
सबका चाय पीना
मैं एक नागरिक देखता हूँ उसे नागरिक की तरह
धीरे-धीरे अनाथ होता हूँ

ठीक करना चाहता हूँ एक-एक पुरज़ा
मगर हर बार खोजता हूँ एक बहाना
हर बार पहले से ज़्यादा ठोस और पुख़्ता
मेरी निडरता को धीरे-धीरे चूस लेते हैं मेरे स्वार्थ

अब मैं छोटी-सी समस्या को भी
एक डरे हुए नागरिक की तरह देखता हूँ

सबको ठीक करना मेरा काम नहीं सोचते हुए
एक चुप नागरिक की तरह हर ग़लत काम में शरीक होता हूँ
अपने से छोटों को देखता हूँ हिक़ारत से
डिप्टी कलेक्टर को आता देख कुर्सी से खड़ा हो जाता हूँ
पड़ोसी के दुःख को मानता हूँ पड़ोस का दुःख
और एक दिन पिता बीमार होते हैं तो सोचता हूँ
अब पिता की उमर हो गई है

अंत में मंच संचालन करता हूँ
उस आदमी के सम्मान समारोह का जो अत्यंत विनम्र है
चरण छूता हूँ जय-जयकार करता हूँ उसी की
जो अति धार्मिक है
और फिर एक बच्ची को देखता हूँ
प्लास्टिक की गुड़िया की तरह
जैसे चाय बाँटते बहुत छोटे बच्चे को
नौकर की तरह।

मुलाक़ात

कल शाम पिता के पुराने दोस्त से मिलना हुआ
उन्होंने मुझे पुरानी शिकंजी पिलाई
मेरे बचपन के जादुई किस्से सुनाए
और वे सब शरारतें ख़ुश होकर बताईं
जिन पर अब मैं डाँटता हूँ मेरे बेटों को

फिर कुछ याद करते हुए
पीले पुराने काग़ज़ों के ढेर में से एक तसवीर निकालकर दी
तसवीर के आदमी को मैं एकदम पहचान न पाया
वह मेरे पिता की तसवीर थी
जब वे गाँव से सीधे शहर आए थे
उनकी मूँछें भी ठीक तरह से नहीं आईं थीं
वे औचक तरीक़े से देख रहे थे कैमरे की तरफ़
उनके इतने बाल थे कि बुढ़ापे के गंजेपन के बारे में
मुश्किल थी कोई भविष्यवाणी

उन्होंने मुझे मेरे बचपन के उस नाम से कई बार पुकारा
जिसे मैं भूल चुका था लगभग
उन्होंने मुझे खिलाया था अपनी गोद में
और अब पूछ रहे थे मेरे बच्चों के बारे में
बीच-बीच में उन्होंने अपनी चार लड़कियों के विवाह की
चिंता भी बताई
और दूसरे प्रसंग से क़स्बे में बढ़ती गुंडई के बारे में विवश नाराज़गी भी
वे चाहते थे मैं खाना खाकर जाऊँ
उन्होंने ज़िद की
रसोईघर से बर्तन गिरने की आवाज़ पर वे चौंके
मगर उन्होंने ज़िद की

उनके रिटायरमेंट को एक साल बचा था
उनकी प्रॉविडेंट फंड की किताब अधूरी थी
राजनीति और धर्म का संबंध उन्हें दहेज-समस्या के
आसपास का लग रहा था
वे अपने रिटायरमेंट को लेकर चिंतित थे
मगर वे अपनी चिंता छिपाते हुए
बार-बार पूछ रहे थे मेरी नौकरी के बारे में
यह जानकर कि जल्दी ही हो जाएगा मेरा तबादला
वे उसी तरह उदास हो गए
जिस तरह पिता मुझे पहली नौकरी पर जाते देखकर हुए थे

रात का पहला अँधेरा हुआ ही था कि बिजली चली गई
मैं बेचैन हुआ अँधेरे से
मगर वे उतने ही उत्साह से बातें करते रहे
बीच में उन्होंने कहा कि अँधेरा बातचीत में दख़ल नहीं देता
बल्कि अँधेरे में की गई आवाज़
ज़रा ज़्यादा ही साफ़ सुनाई देती है
अँधेरे में पुराने कलदार की तरह बज रही थी उनकी आवाज़
बोले, इधर की फ़िल्में बहुत ख़राब हो गई हैं
हालाँकि वे पिछले पन्द्रह साल से कोई फ़िल्म नहीं देख सके थे
फिर उन्होंने पृथ्वीराज कपूर के अभिनय

और सहगल के गानों की याद की
देर रात जब मैं चलने लगा
तो पिता की तसवीर देते हुए बोले कि फिर आना
एक लंबी पुरानी गली में बहुत दूर तक चलता रहा मैं
वे फिर आने की उम्मीद में देखते रहे
मेरा जाना।

क्रूरता

धीरे-धीरे क्षमाभाव समाप्त हो जाएगा
प्रेम की आकांक्षा तो होगी मगर ज़रूरत न रह जाएगी
झर जाएगी पाने की बेचैनी और खो देने की पीड़ा
क्रोध अकेला न होगा वह संगठित हो जाएगा
एक अनंत प्रतियोगिता होगी जिसमें लोग
पराजित न होने के लिए नहीं
अपनी श्रेष्ठता के लिए युद्धरत होंगे

तब आएगी क्रूरता
पहले हृदय में आएगी और चेहरे पर न दीखेगी
फिर घटित होगी धर्म-ग्रंथों की व्याख्या में
फिर इतिहास में और फिर भविष्यवाणियों में
फिर वह जनता का आदर्श हो जाएगी
निरर्थक हो जाएगा विलाप
दूसरी मृत्यु थाम लेगी पहली मृत्यु से उपजे आँसू
पड़ोसी सांत्वना नहीं एक हथियार देगा

तब आएगी क्रूरता और आहत नहीं करेगी हमारी आत्मा को
फिर वह चेहरे पर भी दीखेगी
लेकिन अलग से पहचानी न जाएगी
सब तरफ़ होंगे एक जैसे चेहरे
सब अपनी-अपनी तरह से कर रहे होंगे क्रूरता
और सभी में गौरव भाव होगा
वह संस्कृति की तरह आएगी उसका कोई विरोधी न होगा

कोशिश सिर्फ़ यह होगी कि किस तरह वह अधिक सभ्य
और अधिक ऐतिहासिक हो

वह भावी इतिहास की लज्जा की तरह आएगी
और सोख लेगी हमारी सारी करुणा
हमारा सारा शृंगार
यही ज़्यादा संभव है कि वह आए
और लंबे समय तक हमें पता ही न चले उसका आना।

चँदेरी

चँदेरी मेरे शहर से बहुत दूर नहीं है
मुझे दूर जाकर पता चलता है
बहुत माँग है चँदेरी की साड़ियों की

चँदेरी मेरे शहर से इतनी क़रीब है
कि रात में कई बार मुझे
सुनाई देती है करघों की आवाज़
जब कोहरा नहीं होता
सुबह-सुबह दिखाई देते हैं चँदेरी के क़िले के कंगूरे

चँदेरी की दूरी बस इतनी है
जितनी धागों से कारीगरों की दूरी

मेरे शहर और चँदेरी के बीच
बिछी हुई है साड़ियों की कारीगरी
इस तरफ़ से साड़ी का छोर खींचो तो
दूसरी तरफ़ हिलती हैं चँदेरी की गलियाँ

गलियों की धूल से
साड़ी को बचाता हुआ कारीगर
सेठ के आगे रखता है अपना हुनर
चँदेरी मेरे शहर से बहुत दूर नहीं है
मुझे साफ़ दिखाई देता है सेठ का हुनर

मैं कई रातों से परेशान हूँ
चँदेरी के सपने में दिखाई देते हैं मुझे
धागों पर लटके हुए कारीगरों के सिर

चँदेरी की साड़ियों की दूर-दूर तक माँग है
मुझे दूर जाकर पता चलता है।

दौड़

मुझे नहीं पता मैं कब से एक दौड़ में शामिल हूँ
विशाल अंतहीन भीड़ है जिसके साथ दौड़ रहा हूँ मैं
गलियों में, सड़कों पर, घरों की छतों पर, तहख़ानों में
तनी हुई रस्सी पर सब जगह दौड़ रहा हूँ मैं
मेरे साथ दौड़ रही है एक भीड़ जहाँ कोई भी कम नहीं करना चाहता
अपनी रफ़्तार

मुझे ठीक-ठीक नहीं मालूम मैं भीड़ के साथ दौड़ रहा हूँ
या भीड़ मेरे साथ
अकेले पीछे छूट जाने के भय से दौड़ रहा हूँ
या आगे निकल जाने के उन्माद में
मुझे नहीं पता मैं अपने पड़ोसी को परास्त करना चाहता हूँ
या बचपन के किसी मित्र को
या आगे निकल जाना चाहता हूँ किसी अनजान आदमी से
मैं दौड़ रहा हूँ बिना यह जाने कि कौन है मेरा प्रतिद्वंद्वी

जब शामिल हुआ था दौड़ में मुझे दिखाई देती थीं कई चीज़ें
खेत, पहाड़, जंगल, मैदान
दिखाई देते थे पुल, नदियाँ, खिलौने और बचपन के खेल
दीखते थे मित्रों, रिश्तेदारों और परिचितों के चेहरे
सुनाई देती थीं पक्षियों की आवाज़ें, समुद्र का शोर और हवा का संगीत

अब नहीं दिखता कुछ भी
न बारिश न धुंध
न ख़ुशी न बेचैनी
न उम्मीद न संताप

न किताबें न सितार
दिखाई देते हैं सब तरफ़ एक जैसे लहूलुहान पाँव
और सुनाई देती हैं सिर्फ़ उनकी थकी और भारी
और लगभग गिरने से अपने को सँभालतीं
धप् धप्प धप्प-सी आवाज़ें

तलुए सूज चुके हैं सूख रहा है मेरा गला
जवाब दे चुकी हैं पिंडलियाँ
भूल चुका हूँ मैं रास्ते
मुझे नहीं मालूम कहाँ के लिए दौड़ रहा हूँ और कहाँ पहुँचूँगा
भीड़ में गुम चुके हैं मेरे बच्चे और तमाम प्यारे जन
कोई दिखाई नहीं देता दूर-दूर तक जो मुझे पुकार सके
या जिसे पुकार सकूँ मैं कह सकूँ कि बस, बहुत हुआ अब

हद यह है कि मैं बिलकुल नहीं दौड़ना चाहता
एक धावक की तरह पार नहीं करना चाहता यह छोटा-सा जीवन
हद यही है कि फिर भी मैं अपने आपको दौड़ता हुआ पाता हूँ
थकान से लथपथ और बदहवास।

थकान

आहिस्ता-आहिस्ता समय गुज़र गया है
शेष रह गया है उसका वज़न

थकी हुई पीली रोशनी है
जिसमें मेरे साथ चल रही है एक पुरानी रोशनी की परछाईं
सीढ़ियों पर किसी के हाँफने की आवाज़ है
एक बूढ़ा है जो अकेला हो गया है अपने अंतिम वक़्त में
बाहर कोई इतना थका हुआ है
कि चप्पल घसीटकर चल रहा है
उसमें घर लौटते हुए एक ताँगे की आवाज़ शामिल है

रिस रही हैं थकी हुई इच्छाओं की बूँदें
कुछ इतनी पुरानी हैं कि उनकी याद भी नहीं
ऐसी इच्छाओं के बारे में सोचना बेकार है अब

जिन्हें पाने की उम्र बीत गई
जो बची हैं रिस रही हैं धीरे-धीरे
जैसे बहुत लंबे सफ़र के आख़िर में रिसती है
थकान

जितनी बार चुप रहा
ख़ामोशी से सहन किया जितनी बार अन्याय
वे सारे क्षण इस समय की रात के आकाश में
दिख रहे हैं निस्तेज तारों की तरह
अत्याचारों से थकी पीठ का दर्द
फैल गया है पृथ्वी की माँसपेशियों में

फुटपाथ पर सोने जा रही
एक थकी हुई स्त्री की हँसी भी
आती है रात के इस थके हुए समय में
दूर करती हुई पृथ्वी की थकान

थकान
जो गुज़र गए समय का वज़न है।

इस समय में

एक आदमी कितनी भीड़ में नहीं रहेगा अकेला
और कितने अकेले में नहीं होगा निष्क्रिय
कौन कितनी बार मारा जाएगा
इस एक देह के संसार में?

ऐसे अनंत सीधे सवालों के बीच
सभी के पास दूसरों की दया पर टिका हुआ जीवन है
जिसमें किनारे की ज़मीन की तरह
घटनाएँ किसी विशाल नदी में धसक रही हैं
धीरे-धीरे एक मरियल-सा शहर
तबदील हो रहा है व्यायामशाला में
स्वार्थों के ध्वज मिलकर शामिल पताका में लहरा रहे हैं

अर्थशास्त्र ने निरस्त कर दिया है परमाणु-युद्ध

इस नए समय में किसी भी स्वप्न के टूटने की आवाज़
नहीं जाएगी दूर तक
बस मुमकिन यही है कि एक छोटी-सी हँसी
हमें बहुत बड़े विलाप से बचाए
और एक कोमल पाप भी
बहुत कठिन कर दे हमारा यह जीवन।

दायित्व

मुझे ही कहना होगा
अपने हिस्से का कहना

इस भूगोल में जितना भी मेरा क्षेत्रफल हो सकता है
वहाँ मुझे ही करना होगा मेरे हिस्से का प्यार
मेरी घृणा भी ज़ाहिर करनी होगी मुझको ही
कोई दूसरा नहीं जता सकेगा मेरा क्रोध

मेरे हिस्से का विरोध मुझे दर्ज़ करना होगा

मेरी प्यास का जल यों ही नहीं बह जाएगा
मेरी भूख के लिए फल तोड़ने होंगे मुझे ही
दूसरों की आँखों से पूरी नहीं होगी मेरी नींद
मेरे हिस्से की मेहनत करनी होगी मुझको ही

मैं नहीं बच सकता भागकर
नहीं छिप सकता किसी कंदरा में
मेरा यह जीवन जीना होगा मुझको ही

और बार-बार कहना होगा
अपने हिस्से का सच।

अवांछित लोग

सदी के इस उतार में लक्ष्य पर है संवेदना

लुभावने विज्ञापन हैं और सूक्ष्म प्रविधियाँ
पहले विज्ञान को बदला और अब बदला जा रहा है कला को

संवेदना नष्ट करने के माध्यम में
कि मनुष्य को बदला जा सके औज़ार में
कई बार यह काम इतनी बारीकी से होता है
कि सिर्फ़ नक़्क़ाशी करने की आवाज़ सुनाई देती है
और दुनिया के कोलाहल में कई बार वह भी नहीं

फिर पत्नी कहती है इतना सिद्धांतवादी होना ठीक नहीं
बच्चे कहते हैं, पापा, ऐसा करने में कोई हर्ज़ नहीं, सभी करते हैं
पड़ोसी कहते हैं, आपका व्यवहार आम आदमियों जैसा नहीं
टी.वी., रेडियो, अख़बार कहते हैं
चाहो तो बने रहो
समाज में कुछ पुराने विचारों के लोग भी बने रहते हैं

कथाओं के नायकों जैसे हैं जो कुछ लोग
और जो चाँद को चाँद कीचड़ को कीचड़ कहते हैं
वे सबसे पहले हैं लक्ष्य पर
मुश्किल है उनका जीवन जो नहीं जानते कम्प्यूटर की भाषा
केंद्रीय कार्यसमिति की गोष्ठी का निष्कर्ष है–
सबसे अवांछित हैं वे लोग
जो बात-बात में हो जाते हैं भावुक!

पक्ष

मैं किधर हूँ यह कहने से पहले ही हो जाता है निर्णय
मेरे पक्ष का
कुछ रंग मेरे जीवन से सिर्फ़ इसलिए बाहर हो गए हैं
कि मेरे विचार जानने से पहले ही मान लिया जाएगा मुझे शत्रु
और कुछ रंग नापसंद होते हुए भी करने पड़ते हैं पसंद
कि भले ही मेरे पास कोई विचार न हों
लेकिन रखा जा सकता है तुष्ट उन्हें जिनके बीच रह कर करना है काम

पहले पूछने पर या बिना पूछे भी बता सकता था मैं अपने विचार
टोक सकता था कि नहीं, यह नहीं, मेरा पक्ष यह है
अब मैं कुछ कहूँ उसके पहले ही तय कर लेते हैं लोग मेरा पक्ष

मेरा पक्ष क्या है यह जानने के लिए
मुझे पूछना पड़ता है पार्टी-प्रवक्ता से
जिसकी पार्टी का मैं सदस्य भी नहीं
लेकिन अब एक वही तो रह गया है समाज में
जो बता सकता है मेरा पक्ष

किसी को फ़ुर्सत नहीं है जो सुन सके मेरी आवाज़
कि मैं किसी बच्चे में पक्ष में हूँ
या उस फूल के पक्ष में जो खिलना चाहता है
लेकिन बचना चाहता है
किसी का निशान होने से।

इधर का जीवन

इधर का जीवन कुछ ऐसा हो गया है जैसे जीवन नहीं

यदि कोई धोखा न दे
कर ले थोड़ा-सा भी विश्वास
तो चकित रहता हूँ बहुत दिनों तक

घृणा प्यार दुत्कार पुरस्कार
तैर रहे हैं अवसर की झील में
(देश को विद्वानों की नहीं
तैराकों की ज़रूरत है)
इतनी लंबी डोर है कि चपरासी की शिकायत करता हूँ
तो बुरा मानता है प्रधानमंत्री

इधर पूरे समाज में भी
रह गए हैं कुल दो तरह के लोग
जैसे एक वे जो शर्मा जी हैं
और दूसरे वे जो शर्मा जी नहीं हैं
जैसे एक वे जो भूखे नहीं हैं
और दूसरे वे जो भूखे सोना नहीं चाहते

जैसे एक वे जो जीवित हैं और दूसरे वे
जो जीवित रहना चाहते हैं

इधर का जीवन हो गया है कुछ ऐसा
कि हर पंद्रह मिनट बाद
टटोल कर ढूँढ़नी होती है जीवन की धड़कन।

नए अपराधी

जब सज़ा दी जा रही होती है
उन्हें तभी मालूम होता है कि वे अपराधी हैं

इतनी निर्दोष इतनी परावलंबी होती हैं उनकी ग़लतियाँ
कि जीवन भर नहीं समझ पाते वे अपने अपराध
मसलन उनकी दाढ़ी कुछ अलग तरह की है
कि उनके हँसने का तरीका
अच्छा नहीं लगा न्यायाधीश को
या यह कि उन्होंने एक चिट्ठी लिखी अपने दुःखों के बारे में
कि उनके विचार असहमति के हैं
और जीवित हैं उनके कुछ रिश्तेदार पड़ोस के देश में

उन्हें नहीं पता
किस तरह बचा जाए इन अपराधों से
वे रोज़ सुबह उठते हैं
और अपने आपको हर रोज़
एक नए अपराध में शामिल पाते हैं।

राजनीति : कुछ सूचनाएँ

बच्चा याद कर रहा है
राष्ट्र के नेताओं की जीवनियाँ
और हँस रहा है

फलदार वृक्षों के शवों पर खड़े हुए
आसमान छू रहे हैं यूकलिपटस के पेड़

राजनीति के पुरोधा के भाषण
और एक शराबी की क़ै का रंग
एक जैसा है

वैज्ञानिक कलाविद् और नर्तकियाँ प्राय: ख़ुश हैं
बीच-बीच में पुरातत्त्व विभाग करता है लुभावनी घोषणा
'कालिदास नवरत्नों में थे'

यह अभिव्यक्ति की स्वतंत्रता है

ऐसा देखा गया है कि एक बुद्धिजीवी
मतदान के दिन
चादर तानकर सोता है।

परछाईं

परछाईं भी तोड़ती है हमारा एकांत
शून्य होती हुई दुनिया से उठाती है हमको समूचा
अकेले और अँधेरे समय में भी होती है वह
कभी डराती हुई कभी करती हुई आश्वस्त

सुनो! यह कौन पुकारता है परछाइयों के इस जंगल में
यह कौन-सो छाया है जो इतनी कोमल है
जैसे इमली की सबसे नई पत्ती की छाँव
जैसे ताज़े बचपन की परछाईं

देखो! ये कैसी परछाइयाँ गिर रही हैं रोशनी पर
जैसे डॉलर की यह डरावनी छाया जो गिर रही है
मेरी जेब में पड़े हुए रुपये के अशोक-स्तम्भ पर
सूचना-तंत्रों की मकड़जाली छायाएँ गिरती हैं दिमाग़ में
तमाम नदियों, पहाड़ों और पेड़ों पर गिरती है
काली चिमनी की धुआँ भरी लंबी परछाईं
स्टोन-क्रॅशर की आवाज़ की तीखी परछाईं एक चीख़ की तरह
गिरती है मज़दूरों की निढाल बस्ती में
धर्मालयों की परछाईं बच्चों के खेल में
झरती हुई एक हरी पत्ती की परछाईं
हथौड़े की तरह गिरती है मेरे हृदय पर

राजसिंहासन की परछाईं में मुसकराता है निरंकुश चेहरा
विशाल छाया के जाल में फँसती हैं छोटी परछाइयाँ

सड़क किनारे लगे लैम्प-पोस्ट से दूर जाते हुए
या आते हुए उसके क़रीब
जैसे फैलती है एक राहगीर की परछाईं
उसी तरह फैल रही है मुट्ठी भर दुःख की छाया
काली गहरी परछाइयों से ढँक गया है समाज

हर कोई हर क़दम पर चौंकता है
यह कैसी रोशनी है जिसमें हर चीज़ की परछाईं
अँधेरे की तरह गिर रही है
यह कैसी रोशनी है जिसमें पहचान में नहीं आता कोई चेहरा

सिर्फ़ परछाईं-सी दिखती है।

चहारदीवारी

लाल-सफ़ेद पत्थरों से लंबी और ऊँची बनी हुई
यह एक चहारदीवारी है सुनसान में
पत्थरों की उम्र बताती है इसकी प्राचीनता
शहर के पुराने लोग कहते हैं इस चहारदीवारी को
इसके अंदर रहनेवाले लोगों ने ही बनाया
और एक दिन आख़िरी पत्थर लगाकर
बंद कर लिए अपने चारों तरफ़ के रास्ते

बहुत दिनों के बाद इधर से गुज़रा तो याद आया
कि पहले चहारदीवारी के भीतर दिखाई देती थी एक लड़की
घुटनों में मुँह डाले सुबकती हुई धीरे-धीरे एक लड़की
मानो चहारदीवारी के भीतर क़ैद थी उसकी सुंदरता
बाक़ी बहुत कुछ छिपा लेती थी वह अपने घुटनों में
बाद में वह लड़की मुझे दिखी एक पुरानी फ़िल्म के
भावुक दृश्य में
लेकिन तब तक नीले पड़ चुके थे उसके घुटने

यह चहारदीवारी सुनसान में बनाई गई
या बाद में हुआ सुनसान कहना कठिन है

अब इसके भीतर एक आदमी अपने वीरानेपन में टहलता है
वह बीस साल पहले छोड़ना चाहता था अपनी नौकरी

उसकी रंगों में दिलचस्पी थी
और एक चित्रकार के जीवन से करता था वह प्रेम
मगर तब जवान हो रही थी उसकी बेटी
और पत्नी मातम मनाया करती थी अधूरी इच्छाओं का
बाद में वह आदमी लापरवाही के आरोप में
बर्ख़ास्त किया गया नौकरी से
और हमेशा के लिए क़ैद हो गया चहारदीवारी में

कभी-कभी चहारदीवारी के भीतर से आती हैं अजीब आवाज़ें
वहीं एक ईश्वर है
जो और अधिक पूजनीय होने की आकांक्षा में व्याकुल है
वहीं से आती हैं पत्थर तोड़ने और खाँसी की आवाज़ें
यह जो सबसे तेज़ आवाज़ आई
यह शहर के दादाजी का हथौड़ा है पत्थर के सीने पर
और यह इस चहारदीवारी की सबसे बूढ़ी औरत है
जो हँसने की कोशिश में सिर्फ़ खाँस पा रही है
क़रीब जाने पर आती हैं कुछ और आवाज़ें
जैसे ये अनंत इच्छाओं के अश्व हैं हिनहिनाते हुए
जो बार-बार खूँद रहे हैं सख़्त ज़मीन

चहारदीवारी के पत्थरों के बीच की जगहों से
धीरे-धीरे खिरता है चूना
इच्छाओं की ध्वनि को जगह देता हुआ।

बैल

वे अपनी क़द्दावर पशु-सुंदरता के साथ हुंकार रहे हैं
गरदन की झूलती झालर गठीला कँधवार
सींगों की भय पैदा करने वाली नोकें
लहराती पूँछ का झब्बर गुच्छा
और चिकनी पीठ के रेशमी रोएँ
सब कह रहे हैं ये हम हैं
पृथ्वी को कंधे पर उठाने के लिए बेचैन हम

अंडकोशों की गुलाबी अमरता के साथ
वे दृश्य में सबसे ताज़ा सबसे ताक़तवर हस्तक्षेप हैं
उनकी जुगाली समुद्र का फेन है
उनका माथा उत्तरी ध्रुव की चौड़ाई

मालिक कह रहे हैं अब ये बिकने की उम्र में हैं
बाज़ार में गिने जा रहे हैं उनके दाँत

नपुंसक किए जाने के षड्यंत्र से बेख़बर
नाथ-पगही से अनजान
मुँह पर मुसक चढ़ाए जाने की भूख भरी वेदना से अपरिचित
और अपने बूढ़े दिनों की लाचारी के इस पार
वे साँड़ हैं अभी
बचपन की कुलाँचों और जवानी के वेग से भरे हुए
उनके खुरों के नीचे
जोतने के लिए प्राचीन कठोर ज़मीन है
वे इतने ताज़ा इतने जवान और इतने श्रमशील हैं
कि बस, बैल हैं।

उपकार

हवा चलती है उमस की छाती चीरती हुई
मुस्कराकर मिलता है एक अजनबी
एक रुपये में जूते चमका जाता है एक छोटा-सा बच्चा
रिक्शेवाला चढ़ाई पर भी उतरने नहीं देता रिक्शे से
एक स्त्री अपनी गोद में रखने देती है उदास और थका हुआ सिर
फ़कीर गाता है सुबह का राग और भिक्षा नहीं देने पर भी
गाता रहता है
अकेली भीगी कपास की तरह की रात में
एक अदृश्य पतवार डूबने नहीं देती जवानी में ही जर्जर हो गए
हृदय को

देर रात तक मेरे साथ जागता रहा है एक अनजान पक्षी

बीमार-सा देखकर अपनी बर्थ पर सुला लेता है सहयात्री

भूखा जान कर कोई खिला देता है अपने हिस्से का खाना
और कहता है वह खा चुका है
जब धमका रहा होता है चौराहे पर पुलिसवाला
न जाने कौन आदमी आता है कहता है इन्हें कुछ न कहें
ये ठीक आदमी हैं
बहुत तेज़ी से आ रही कार से बचाते हुए
एक तरफ़ खींच लेता है कोई राहगीर
जिससे कभी नाराज़ हुआ था वह मित्र यकायक चला आता है घर

सड़क पर फिसलने के बाद सब हँसते हैं नहीं हँसती एक बच्ची

जब सूख रहा होता है निर्जर झरना
समुद्रों, नदियों, तालाबों, झीलों और जलप्रपातों के जल को छूता हुआ
आता है कोई कहता है मुझे छुओ
बुखार के अँधेरे दर्रे में मोमबत्ती जलाए मिलती है बचपन की दोस्त
एक खटका होता है और जगा देता है ठीक उसी वक़्त
जब दबोच रहा है नींद में कोई अपना ही
रुलाई जब कंठ से फूटने को ही होती है
अंतर के किसी सुदूर कोने से आती है ढाढ़स देती हुई आवाज़
और सोख लेती है कातर कर देने वाली भर्राहट

इस जीवन में जीवन की ओर वापस लौटने के
इतने दृश्य हैं चमकदार
कि उनकी स्मृति भी देती है एक नया जीवन।

बड़े मामा का मुँह

इस बार बड़े मामा मिले तो ग़ायब थे उनके सारे दाँत
वे दो दाँत भी जिनमें थीं सोने की कीलें
जो चमकती थीं उनकी बातचीत में
उन्हें देखते ही समझा जा सकता था कि पिछले कुछ सालों ने
निकाल ली हैं उनके जीवन की सारी चमकदार कीलें
एक बत्तीसी भरे जीवन में अब
बचा हुआ था बस उनका पोपला मुँह

कभी विराट सृष्टि थी उस मुँह में

वहाँ भरे हुए थनों की गायों का झुंड था
चमकदार सींगों के बैल जोत रहे थे मध्य भारत के खेत
विशाल बाखर थी जहाँ रोशनी और आवाज़ें
कभी नहीं होती थीं ख़त्म
एक दहाड़ थी जो सुनाई देती थी आसपास के गाँवों तक
वहीं आल्हा का वीर रस था
और भरत मिलाप का करुण संसार

उन्नीस सौ चवालीस का हैज़ा था
और सन् चौवन का टिड्डी दल
खुरों की बीमारी का असहाय शोक था
मामी की घिसटती हुई लंबी उबाऊ मृत्यु थी
और नानी का निर्विकार जीवन जो बार-बार
धँसा जाता था मोह-माया के पंक में

मामा के मुँह में था इतना सब कुछ
मगर इस बार जब मामा मिले
तो ग़ायब थे उनके सारे दाँत और मुँह था पोपला।

अकस्मात् एक दिन

हम सिर्फ़ सोचते रहेंगे
लेकिन अकस्मात् एक दिन माँ आ जाएगी
विस्मय और पुलक से भर देगी एक सुबह
प्रकट होगी नए अचार और पापड़ में
खाना परोसेगी और वैसी ही ज़िद करेगी जो माँ कर सकती है
मेरी तरफ़ देखेगी और चिंतित हो जाएगी
वह देखेगी उस काया का क्षय
जिसे निर्मित किया था उसी ने
मुझसे कुछ कहना चाहेगी लेकिन उसके पास बहुत कम शब्द होंगे
और वे भी दोहराए जा चुके होंगे कई बार
लेकिन वह उन्हीं से काम चलाना चाहेगी

मैं बचना चाहूँगा, बदल दूँगा बात

मैं बदल चुका होऊँगा इतना कि लज्जित हो सकूँ
फिर भी ढूँढ़ लेगी वह मुझमें पुराने पहचान-चिन्ह
नष्ट होते हुए शरीर में खोज लेगी बचपन और किशोरावस्था
उसी में दुर्दिन और जीवटता
उसी में खोज लेगी वह मेरे बच्चों को जैसे उनमें खोजती है मुझे
मुसकरा देगी मूँछों में सफ़ेद बाल देखकर
सहलाएगी सिर के आधे रह गए बालों को
वहाँ दोगुनी धूल और थकान देखकर ख़ामोश रहेगी
अपने बारे में बताएगी सिर्फ़ इतना
कि बनवा लिया है नया चश्मा
थोड़े-से समय में बचा हुआ ज़्यादा है जीवन
माँ जान चुकी है हमारे समय का धीरज
एक खाई में से निकलकर दूसरी खाई में गिरने की हमारी व्यस्तताएँ
वह विपत्तियों की सुरंग पार करके आई है
और कहती है ऐसा सबने किया है इसमें नया कुछ नहीं

हम सिर्फ़ सोचते रहेंगे
लेकिन अकस्मात् एक दिन माँ आ जाएगी
स्थगित करती हुई कुछ और समय के लिए
हमारे पश्चात्ताप।

अपने शहर लौटते लोग

लोग बार-बार लौटते हैं अपने शहर
बेतहाशा घूमते हैं शहर की गलियों में
पुराने पार्कों में
बैठते हैं देर रात तक धार्मिक जगहों की सीढ़ियों पर
देखते हैं पुराने पेड़ों की पत्तियाँ और उनके बीच से रिसती चाँदनी
नई कॉलोनियों पुराने मकानों को पहचानने की कोशिश करते हैं

वे लौटते हैं अपने शहर और चकित होते हैं जैसे कोई अजनबी

दरअसल वे लौटना चाहते हैं अपने पुराने जीवन में

ढूँढ़ना चाहते हैं पुराने चेहरे पुराने चौराहे
खोजना चाहते हैं पच्चीस साल पुरानी गंध
जो अभी उनके नथुनों में बाक़ी है और महकती है
ढूँढ़ना चाहते हैं वे मैदान, वे जगहें जहाँ से दीखता था पूरा आसमान
मगर पाते हैं अब वहाँ सब कुछ गुज़र चुका है
जैसे गुप्त-काल जैसे कुषाण वंश जैसे मोहनजोदड़ो

लेकिन अपना शहर है कि बुलाता है बार-बार
और लौटते हैं लोग घूमते हैं बेचैन
कि निर्माण के ध्वंस में शायद बची रह गई हो कोई चीज़
जो उन्हें भर देगी नए उल्लास से
जो दिला देगी उन्हें विश्वास
कि अरे, यही तो है अपना शहर!

भाग्य

वह हमें संस्कार की तरह दिया जाता है
और घटित होता है एक वज़नदार पत्थर की तरह
लगता है कि जो होना है वह होकर ही रहेगा
असहायता असहायता असहायता!
मन की सुदूर नीरव घाटी में बार-बार आती है यही प्रतिध्वनि

रात में बलशाली लगती हैं रोशनी और आवाज़ें
उससे ज़्यादा जितनी कि वे होती हैं
प्रियजन देखते रह जाते हैं अपने प्रिय को
ग़ायब होते हुए काल की गुफा में
कई बार अपने ही हाथों लगाते हैं वे गुफा के मुँह पर एक चट्टान

लेकिन यह जीवन ही है
जो नहीं करने देता ज्योतिष को संसार के अंतिम निर्णय
बार-बार मज़ाक बन जाती हैं भविष्यवाणियाँ
जल्दी ही एक समय आता है जब मनुष्य
भाग्य से अलग करके गिनता है अपने दुर्दिन
और अच्छे दिनों के लिए नहीं लगाता गुहार परमपिता की

एक आदमी असमय बीमार होता है
और दूसरा ठीक रहता है सौ बरस तक
एक गद्दी पर बैठता है और दूसरा उसके आगे जोड़ता है हाथ
जीवन की इन क्रियाओं में भाग्य खोजना
व्याख्या करना है लगातार परास्त होते जाने की
आदमी जब इस वंशानुगत गुणसूत्र को एक तरफ़ करते हुए चलता है
तो वह कर रहा होता है नया आविष्कार
रात की रोशनी और सुनसान में की गई आवाज़ की तेज़ी से
वह चौंकता नहीं खोजता है अपना रास्ता

वह हँसता है उस झींगुर पर जिसकी आवाज़ सुनाई देती है
संगीत-कक्ष में सितार की तरह।

यह बच्चा भद्र-संस्कृति से अनजान

उतरन का ढीला कुर्ता पहने
नीली पारदर्शी आँखोंवाला यह बच्चा
शिव-पार्वती की मढ़ी हुई तस्वीर लिए
खड़ा है आपके सामने
यह धार्मिक तसवीर इसका पहला और आख़िरी हथियार है
मगर इसकी नीली-कोमल आँखें
भारी पड़ रही हैं शिव-पार्वती पर

पास ही खड़े एक साहब को झिड़कियों के कीचड़ में
अपने नाज़ुक तलुओं के निशान छोड़ता हुआ
यह अब आपके सामने है
और आप इसके भिख़ारी होने का
यक़ीन ही नहीं कर पा रहे हैं

प्रिय भद्र पुरुष!
यह इतना आनन्ददायी और विस्मयजनक है
कि यदि यह बच्चा आपके क्लब के
सालाना जलसे में पहुँच जाए तो आप इसे बेहिचक
फैंसी-ड्रेस का पहला पुरस्कार दे दें

भद्र-संस्कृति से अनजान बच्चा यह सब नहीं समझ पा रहा है
और चुपचाप शिव-पार्वती लिए
आपके सामने खड़ा है।

साध्वियाँ

उनकी पवित्रता में मातृत्व शामिल नहीं है
संसार के सबसे सुरीले राग में नहीं गूँजेगी
उनके हिस्से की पीड़ा

परलोक की खोज में
इसी लोक में छली गईं वे भी अंततः स्त्रियाँ हैं
जिनसे हो सकती थी वसंत में हलचल
रो सकता था जिनके वियोग में कोई दुःखी हृदय
वे हो सकती थीं बारिश के बाद की धूप
या दुनिया की सबसे तेज़ धाविकाएँ
कर सकती थीं नए आविष्कार
उपजा सकती थीं खेतों में अन्न
वे हो सकती थीं ममता का अनथका कंठ
जिसकी लोरी से धरती के बच्चों को आती है नींद

मगर अब वे सिर्फ़ पवित्र नदियों की सूखी हुई नहरें हैं
या तुलसी की पत्तियाँ
धार्मिक तेज ने सोख लिया है उनके जीवन का मानवीय ताप
वे इतनी पूजनीय हैं कि अस्पृश्य हैं
इतनी स्वतंत्र हैं कि एक धार्मिक पुस्तक में क़ैद हैं

उनका जनम एक उल्लसित अक्षर की तरह हुआ था
और शेष जीवन
एक दीप्त-वाक्य में बुझ गया।

अभ्यास

एक दिन में नहीं आई दुःख सहने की ताक़त

एक दिन में नहीं आ गया मैं गुफा से बाहर

एक दिन में नहीं बन गई रेलगाड़ी
चाय की केतली से एकदम उछलकर नहीं आई वह
उसका पहला हिस्सा बना था जब पहिया आया संसार में
उसके बाद धीरे-धीरे रोज़-रोज़ बनी वह
जैसे एक दिन में नहीं पहुँच गया आदमी अंतरिक्ष में

इसी तरह बार-बार किया सन्देह
और अर्जित किया विश्वास करने का साहस

यह जीवन एक दिन का नहीं है
यह तो संचित जिजीविषा है जो मिली है मुझे वन-मानुष से
और आगे के मनुष्यों के लिए मेरे आयतन की ज़िम्मेवारी
शुरू से अब तक जोड़ूँ तो एक दिन में नहीं आया
दुःख सह कर सुख पाने का सलीक़ा
एक रात में नहीं जीते गए रहस्यों के दुर्गम क़िले
एक दिन में हल नहीं किए गए सृष्टि के बहुतेरे प्रश्न

यह सब अभ्यास की लंबी परंपरा है
मैं इसी परंपरा का एक ज़रूरी हिस्सा हूँ
रोज़-रोज़ करता हुआ अभ्यास
लगाता हुआ बार-बार अपने निशाने।

जो विरुद्ध है

प्रेम जानने के लिए जाना होगा प्रेम के विरुद्ध
धर्म जानने के लिए सोचना होगा उस तरह से भी
जो विरुद्ध है

अशोक स्तंभ के नीचे बने शेरों में से
चौथा शेर देखने के लिए जाना होगा नेपथ्य में
सामने से तो दिखेंगे बस तीन ही शेर

रोज़-रोज़ एक ही ग्रंथ पढ़ने से
हर पंक्ति पर हाँ-हाँ कहने से धन्य नहीं होगा जीवन
बैठना होगा असहमति की चट्टान पर भी

स्वीकार्य दुनिया का सत्य जानने के लिए
स्वागत करना होगा वर्जित व्यक्ति का

जो विरुद्ध है
वह एक बार फिर नए सिरे से चीज़ों के सामने है।

एक राजनीतिक प्रलाप

यहाँ अब कुछ इच्छाओं का गुम हो जाना सबसे मामूली बात है
मसलन धुएँ के घेरे के बाहर एक जगह
या एक ठहाका या एक किताब
कबाड़ में ऐसी कई चीज़ें हैं जिन पर ज़ंग और मायूसी है
कबाड़ के बाहर भी ऐसी कई चीज़ें हैं जिन पर जम गई हैं उदासी की परतें
मूर्त यातना जैसा कुछ नहीं
बर्बरता एक वैधानिक कार्यवाही
जिसके जरिये निबटा जा रहा है फालतू जनता से
अखबार और हास्य धारावाहिकों के अनगिन चैनल हैं
कंप्यूटर पर खेल हैं नानाविध

मेरे गाँव तक जाने का रास्ता बंद है अभी भी
वर्षों पुरानी एक निर्माणाधीन पुलिया की प्रतीक्षा में
उस पार करोड़ों लोग हैं जिनके जीवन से इधर कोई सरोकार नहीं
जो लोग दुर्घटनाओं में मरे उनकी लाशें अभी सड़कों पर हैं
शेर शेर होने के जुर्म में मारे गए हैं
और सियार सियार होने की वजह से
निर्दोष मारे गए उस गली में जहाँ हुए वे अल्पसंख्यक
यह एक बस्ती अभी-अभी उजड़ी है ज़हरीली शराब से
मेरी माँ के पैर में पिछले नौ बरस से फोड़ा है
हर गर्मी में फूट पड़ती है बेटे की नकसीर
और उपाय मेरी पहुँच से दस हज़ार मील दूर हैं
उधर एक कवि कूद जाता है तेरहवीं मंज़िल से
एक वह अलग था जिसे चौराहे पर पुलिस ने मार डाला था लाठियों से
फिर भी करोड़ों लोग हैं जो जीवित रहने के रास्ते पर हैं
मैं ख़ुद ज़हर नहीं खा पा रहा हूँ

और ठीक-ठीक नहीं कह सकता कि यह एक आशा है
कायरता है या साहस

इतनी ज़्यादा मुश्किलें हैं जिनमें जीवित हैं लोग
करोड़ों लोग ग़रीबी के नर्क में हैं
करोड़ों बच्चे झुलस रहे हैं फैक्ट्रियों में
करोड़ों स्त्रियाँ जर्जर शोकमय शरीरों में मुसकरा रही हैं
अदृश्य सुखों की प्रतीक्षा में हाड़ तोड़ रहे हैं करोड़ों लोग
जो भी मुश्किलें हैं वे करोड़ों की गिनती में हैं
और नामुमकिन-सा ही है उनका बयान
अभाव और बीमारी-हज़ारों लोहकूटों द्वारा कूट दिए गए शब्द हैं
करोड़ों ऐसे फ़ैसले लिए गए हैं हमारे वास्ते जिनमें हम शामिल नहीं
लोग पसीज रहे हैं मगर दाँव पर कुछ नहीं लगा पा रहे
जिन्हें दुःखों को पार करना था वे अब रह रहे हैं दुःखों के ही साथ

अंत में मेरे पास फिर वही कुछ निराश शब्द बचे रहते हैं
चमक-दमक और रईसी के बीच चमकते हैं करोड़ों पैबंद
अनंत आश्वासनों के बीच मेरे पास कोई नारा नहीं है
न मैं मारो-काटो-बचाओ कह सकता हूँ
मैं ही क्या करोड़ों लोग हैं जो इतनी आपाधापी में हैं
कि रोज़ी-रोटी के अलावा बमुश्किल ही कर सकते हैं
कोई और काम।

ज़ंजीरें

असंख्य ज़ंजीरें थीं सब तरफ़
उनमें से कभी टूट जाती थी कोई ज़ंजीर तो मच जाता था तहलका
कभी-कभी ऐसा भी होता था कि उस तरफ़ नहीं जाता था किसी का ध्यान
फिर स्वप्न में या अचानक एक दिन किसी गली से गुज़रते हुए आता था याद
कि न जाने कब टूट गई वहाँ पड़ी हुई एक ज़ंजीर
गाहे-बगाहे एक विद्वान या कोई कवि बताता था कि वह एक भारी ज़ंजीर थी
जो काटी गई एक शब्द की धार से
और ऐसी ही एक ज़ंजीर को काटा था एक आदमी ने

अपनी पूरी ज़िंदगी की दराँती से
इस काम में उसे लगे थे चौहत्तर साल
जिसका थोड़ा-बहुत हिसाब मिल सकता है किसी संग्रहालय में
मगर ज़ंजीरें कुछ लोगों के जीवन में इस तरह थीं जैसे शरीर में आँतें
उनके कट जाने पर उन्हें घेर लेती थीं पेचिश और वमन जैसी बीमारियाँ
वे तड़पते थे उन काट दी गई ज़ंजीरों की स्मृति में
और उनकी हाहाकारी कराहों ने
भर दिया था समय की संभव शांति को एक स्थायी से दीखने वाले शोर से

यह अकसर होता था कि एक ज़ंजीर को काटने की कठिन कोशिश में
उनकी भारी कड़ियाँ गिर पड़ती थीं हमारे माथों पर
माथे पर पड़ गए उन निशानों से पहचान लिए जाते थे हम
अपने कुछ लोगों के बीच
बाक़ी दूसरे लोग समझते थे कि ये निशान यों ही लड़ाई-झगड़े के हैं
या कहीं गिर पड़ने के
इन वजहों से भी मुमकिन होता था कि ज़ंजीरें काटी जा रही थीं
थोड़ी-थोड़ी रोज़-रोज़
यह देखना भी दिलचस्प था कि कुछ पाठ शामिल कर दिए गए थे
बच्चों की किताबों में
जिनमें बताए गए थे ज़ंजीरों को काटने के सैद्धांतिक तरीके
मगर बच्चों की मुश्किल यह थी कि ज़ंजीरों के साथ जीने की कला
के बारे में भी कुछ किताबें थीं पाठ्यक्रम में

इस तरह ज़ंजीरों की प्रतिष्ठा ने लगभग अटूट कर दिया था ज़ंजीरों को
वे आभूषणों की तरह हो गई थीं
कुछ संस्कारों की तरह थीं और पवित्र बंधनों की तरह चिपकी थीं त्वचा से
लगता था उन्हीं ने थाम रखा है संसार
वे हमारी सभ्यता का चेहरा हो गईं थीं
चौखट पर ही देखा जा सकता था उन्हें पड़ा हुआ
हमारे ज़रा-से उत्खनन से ही प्रकट होने लगती थीं वे
हमारे ही भीतर से अपने भारी और ज़ंग लगे रूप में निकलती हुईं
उनकी खन्-खन् की आवाज़ें एक समूह को भर देती थीं ख़ुशी से
और एक दूसरे समूह को भय से

और यह प्रक्रिया तबदील हो चुकी थी सामाजिक विकास की प्रक्रिया में
वे लताओं की तरह उगती थीं और बरसों बाद
यकायक पता चलता था कि वे लताएँ नहीं ज़ंजीरें हैं
मगर तब तक बहुत देर हो चुकी होती थी
और अमूमन हम पड़ चुके होते थे उनके प्रेम में
फिर हम सब मिलकर करते थे उनकी रक्षा
हर घर में उनके उत्पादन के कारख़ाने थे
किसी भी धातु की बन जाती थीं वे
उन धातुओं की भी जिनका कोई ज़िक्र नहीं धातु-विज्ञान में

वे अजीवित थीं मगर उनमें विलक्षण क्षमता थी भक्षण और प्रजनन की
टेपवॉर्म की तरह हमारे अंतरों-कोनों में चिपकी हुईं
वे अतृप्त अनंत भूख की स्वामिनें
खाती हुईं हमारा पचा हुआ अन्न
उन्हें पहचान लेना कठिन न था
लेकिन उन्हें उनके असली नामों से पुकारना अपराध था
उनके असली नाम यों भी अलौकिक थे और हमारी भाषा के
सुंदरतम शब्दों को घेर रखा था उन्होंने
उनके स्कूल थे उनके दफ़्तर थे
और सबसे मज़ेदार और हतप्रभ कर देने वाली बात थी कि उनके पास
ऐसे विचार थे
जो विचार नहीं थे मगर स्वीकृत थे विचारों की तरह उसी शाश्वत जनता में
जो ज़ंजीरों को उनके अलौकिक नामों से जानती थी
और उनमें जकड़ी हुई हँसती-रोती थी
उसके हँसने-रोने की आवाज़ों में दब जाती थीं ज़ंजीरों की आवाज़ें
जो घंटियों, चीखों, अंतिम पुकारों, हकलाहटों, प्रार्थनाओं
की तरह सुनाई देती थीं
और उनमें छिपे आर्तनाद से व्यथित कुछ लोग आख़िर
अपनी-अपनी आरियाँ लेकर जुट जाते थे ज़ंजीरों को काटने में
और बार-बार अपने लिए बनाते थे ऐसी आज़ाद जगहें
जहाँ रह सकते थे ऐसे कई लोग और भी
जिन्हें पूरी उम्र काटते ही जाना था हर रोज़
काई की तरह फैलती हुई ज़ंजीरों को।

धुंध

वह धुंध जो हवा के पर्दों में कोहरे की है
जो उस अरण्य की है जिसमें मैं अकेला छूट जाता हूँ
वह जो मेरी चेतना पर पड़ी असंख्य छायाओं की है
वह धुंध जो सूक्तियों में है और उतर आई है प्रार्थनाओं में
जिसके पार न आवाज़ जाती है न रोशनी
वह धुंध जो ज्ञान के असीम प्रकाश की रेख में छिप रही है
और घुल रही है आने वाले दिनों की आकांक्षा में
वह जो चीज़ों में नहीं उनकी आभा में रहती है

वह जो विस्मृत होती जा रही स्मृति की है
वह जो अपने रहस्य से बनाती है दुनिया को धुँधला
जिसमें से गुज़रते हैं तमाम मनुष्य
जो पशुओं का जीवन नहीं बनाती दुष्कर
वह धुंध जो सोख लेती है समुद्र में गिरती आकाश की परछाईं का रंग
वह धुंध जिसमें से एक धुन निकल जाती है तीर की तरह

रोज़ उसी के पार जाता हूँ मैं।

शाम

उजले प्रदेश की भूरी चिड़िया
चक्कर खाते हुए बैठ गई है पीली दीवार पर
जो उस जनपद में है
जहाँ सारे घर पीले होकर चमक रहे हैं
यह एक उदास रंग जो शाम में ज़्यादा निखरा हुआ लग रहा है
दरवाज़े, खिड़की, ओसारे से होता हुआ पहुँच रहा है भीतर तक
सिर्फ़ टेकरी के मंदिर का कलश लाल-सिंदूरी होकर चमक रहा है
यह अँधेरे से पहले की चमक जिसे डूबना ही है अँधेरे में

अभी यह होती हुई शाम है ऊष्मा और ठंड की
तंग जगह से गुज़रती
खजूर की पत्तियाँ अपनी ऊँचाई की रोशनी में हिल रही हैं
नदी की आवाज़ अब आ चुकी है पचास गज़ की दूरी पर

दक्षिण दिशा से आ रही है निश्चित दुःखों के पैरों की आहट
लौट रहे हैं पुरुष और मवेशी
उनके कंधों पर थकान का रंग बैठा है उमंग बनकर
टुनटन आरती शुरू होने को ही है टेकरी पर
अभी तो एक ऊब है जो फैली हुई है बुजुर्गों की फ़ुर्सत में
साँवली होती हुई पीली-सी ऊब
जिसकी गंध से मक्खियाँ रात गुज़ारने के लिए ठौर ढूँढ़ रही हैं

बाँस के झुरमुट और कबीट के पेड़ों के बीच के रास्ते पर
नमी धूल को भारी बना रही है
ओस गिरने का कोई समय नहीं है
समय पर उसे पार किए जाने के निशान हैं
और कड़वे तेल की रोशनी से पहले यह डूबते सूरज की परछाईं है
जैसे विस्तारित समुद्र की हिलती हुई पीली तसवीर
जिसमें शीशम की लकड़ी के फ्रेम की छाया घुल रही है

एक ज़ख़्म है नीला-साँवला खिलता हुआ नए रूप में
एक स्वर उजास की विरलता में काँपता हुआ गहराता
तरंगों से भर गया है आकाश का मैदान
सुनसान का रिसीवर अपनी वेवलेंग्थ पर आवाज़ों को पकड़ रहा है
मद्धिम चीखों और भाषा के अनजान द्वीपों के किनारे
जमा हो रही हैं कई वर्षों की किश्तियाँ
हवा अपनी मस्ती में है उसे नहीं पता वह पारदर्शी प्रकृति है
जिसमें से दिखती हुई सुनहरी-अँधेरी होती शाम डूब रही है
(जैसे इस तरह डूब रही हो पहली बार।)

जब दोस्त के पिता मरे

बारिश हो रही थी जब दोस्त के पिता मरे
भीगते हुए निकली शवयात्रा
बारिश की वजह से नहीं आए ज़्यादा लोग
जो कंधा दे रहे थे वे एक तरफ़ से भीग रहे थे कम
सबसे पहले बारिश होती थी दोस्त के पिता के शव पर

दोस्त चल रहा था आगे-आगे
निरीह बेहोशी से भरी डगमगाती हुई थी उसकी चाल
श्मशान में पहुँचकर लगा बारिश में बुझ जाएगी आग
कई पुराने लोग थे वहाँ जो कह रहे थे
नहीं बुझेगी चिता
हम सबने देखा बारिश में दहक रही थी चिता

लौटने में तितर-बितर हुए लोग
दोस्त के कंधे पर हाथ रखे हुए लौटा मैं
मुझे नहीं समझ आया क्या कहूँ मैं उससे
मुझे तो यह नहीं पता कि कैसा लगता है जब मरते हैं पिता
अब जब मर गए दोस्त के पिता तो क्या कहूँ उससे
कि बारिश में हिचकी लेता हुआ उसका गीला शरीर न काँपे
कौन-सा एक शब्द कहूँ उससे सांत्वना का आख़िर
यही सोचता रहा देर तक

रात को जब घर लौटकर आया
बारिश उसी तरह हो रही थी लगातार।

चोट

वही चोट देती है दूर तक साथ
जो नहीं देती दिखाई
जिसे खाकर नहीं ठिठके एक क्षण के लिए भी
जो दी गई चालाकी के साथ
जिसे लिया गया मुसकराहट के साथ

जिसे जीवन भर नहीं समझ पाया कोई दूसरा
जो रंगों के बीच में से बह गई
निकल गई शब्दों के रंध्रों में से
जो जाकर रही बादलों के बीच
और बरसती रही चुपचाप बारिश के साथ
दौड़ती रही ख़ून में
जो पैठ गई हड्डियों में

जिसने विकृत नहीं किया चेहरा
बस, कर दिया उदास।

आयुर्वेद

आयुर्वेद की महक प्रकृति की महक है
वनस्पतियाँ, तना, छाल, जड़ें, फूल, पत्तियाँ
बीज और बीज के भीतर की गिरियाँ और खनिज
जिनमें प्रकट आयुर्वेद
जहाँ संयम ही स्वास्थ्य है और भोजन भी औषधि
दोषों को नाड़ी की गति से पहचानता हुआ
वात-पित्त-कफ के क़िले में सेंध लगाता
मुसकराता है एक ऋषि-
एक वैज्ञानिक अपने शल्य और भेषज ज्ञान से दमकता

हर्र, बहेड़ा, आँवला, सोंठ, तुलसी, पीपल
पर्यावरण ही आयुर्वेद
जो डूब रहा है सभ्यता के उत्तर औद्योगिक समुद्र में
विस्मृति की सीमा पर खड़ा है अनुपान भेद का ज्ञान
वंशलोचन, पारद, शिलाजीत, भृंग, महासुदर्शन
तेजोमय रूप सभी
डूबते हुए अधैर्य के पोखर में गिरते हुए पूँजी के गर्त में

अब कोई नहीं पहचानता जड़ी-बूटियाँ
जो कहते हैं कि हम पहचानते हैं-वे उद्योग हैं
शहद बनाती हैं मधुमक्खियाँ
और कंपनियों के डंक!

खरल, घुटाई, कुटाई, भावना, पुट सब बचपन की सुनी बातें
अरिष्ट, आसव, अवलेह, भस्म, चूर्ण, रस, वटी
भस्में राजाओं की चूर्ण प्रजा का
मगर सभी देवपुत्र, सभी देवपुत्र!
अश्वनी, धन्वन्तरि, सुश्रुत, पराशर के ऋणी

पथ्य-अपथ्य की सूची लंबी
फिर भी गुड़, तेल, खटाई, मिर्च-ये चार अपथ्य हमेशा हाज़िर
राजवैद्य कब के स्वर्गीय हुए
वैद्य भी अब कहाँ बचे
जो एक-दो हैं वे नब्बे पार कर चुके
सरकारी आयुर्वेदिक अस्पताल भरे हैं
ऐलोपैथी की परीक्षा में अनुत्तीर्ण हुए लोगों से
हाथ से छूट चुका है नाड़ी का स्पंदन
च्यवन की भौंचक आत्मा तले
चार रुपये का आँवला बिक रहा है सौ रुपये में
देखिए, चरक घूम रहे हैं बौखलाए हुए
पूछते हुए नीम का पता।

होमियोपैथी

[होमियोपैथी के जनक डॉ. हैनीमैन की स्मृति को समर्पित]

अणु-परमाणु की परछाइयों में मौजूद है वह
सूक्ष्म विज्ञान का सूक्ष्मतम रोमांचक संसार
जितनी कम दवा उतनी ही अधिक शक्ति
उसका संवाद कोशिकाओं के नाभिक से
सीधी-सच्ची पारदर्शी औषधि जिसे नहीं किया जा सकता सिद्ध
रहस्यमयी पारदर्शिता!

होमियोपैथी पूछती हुई आपसे आपकी प्यास
और आपके स्वाद के बारे में
या यह कि दर्द कहाँ से और कब उठता है
तकलीफ़ दिन में या रात में किसी ख़ास वक़्त पर
दाईं तरफ़ या बाईं तरफ़
वह आपकी नींद और पसीने की चिंता से शुरू करती है अपना काम

अल्कोहल की गंध से महकती ग़रीबों के लिए मुफ़ीद
लग जाए तो चमत्कार की तरह
वरना भटकते रहिए लक्षणों के जंगल में

नुकसान कुछ नहीं
और होगा तो फिर ऐसा कि जीवन भर नहीं हो सकती भरपाई
उसकी उग्रता भयानक
उग्रता जो बताती है दवा जा रही है ठीक रास्ते पर

एक होमियोपैथ के दिमाग़ में दो सौ छप्पन ख़ाने
उसके दिमाग़ में कास्परोव के दिमाग़ से अधिक चालें
जिन्हें चलते हुए वह बार-बार होता सफल-असफल
जब गुज़रता हो वह बुदबुदाते हुए अपनी दार्शनिक चाल में
तो उसे पागल क़तई न समझा जाए
हो सकता है किसी लंबी खंभे जैसी स्त्री को देखकर
उसे याद आ गए हों 'सीपिया' के लक्षण
या कीचड़ भरी आँखों और मटमैले कपड़ों में जा रहे किसी आदमी से
आ गया हो उसे 'सल्फ़र' का ख़याल
'नक्स वोमिका' की असाधारण सामान्यता पर मुसकराया हो वह
या फिर यह सोचकर हो रहा हो परेशान
कि प्रदूषित होते जा रहे इस संसार में
आख़िर कैसे जीवित रह पाएगी नाज़ुक औषधि
या इस समय उसे मथ रहा हो कोई जटिल पुराना रोगी

होमियोपैथी एक सदय मनुष्यता
जो फँसती ही जा रही है
नक़्क़ालों और विक्रेताओं के जाल में

समः समं शमयति।*

ज़रा-सी ऊँचाई से

वक़्त नहीं है, वक़्त नहीं है कहता हुआ
सोचता हूँ मैंने बनना चाहा था क्या यही जो कुछ बन बैठा हूँ
बोल रहा हूँ क्या अपनी ही भाषा चल रहा हूँ क्या अपनी ही चाल

---

* सीपिया, सल्फ़र, नक्स वोमिका: कुछ प्रसिद्ध होमियोपैथिक दवाएँ।
समः समं शमयतिः होमियोपैथी का मूल सिद्धांत, अर्थात् "समान लक्षणों का वही दवा शमन कर देगी जो स्वस्थ आदमी में वैसे लक्षण पैदा कर सकती है।"

हँसता हुआ धीरे-धीरे उस शिल्प में
जिसमें कभी सोचा नहीं था कि हँसूँगा इस तरह
फिर-फिर छिपाते हुए अपना रोना वासना की आड़ में
क्रोध में या दिन के कोने में
अपनी काया के विस्मृत उजाड़ में
देखता हूँ अपना ही जीवन ज़रा-सी ऊँचाई से

बरसों पहले वाले 'मैं' को मिलाते हुए आज से
ढूँढ़ता हूँ ख़ुद को

मगर मिलती ही नहीं वह तसवीर पुरानी
पड़ी होगी कहीं जो स्मृतियों के अटाले में
छींकता हुआ इस ज़माने की धूल में बार-बार
आइने में क्या मैं अपना ही प्रतिबिंब हूँ पूछता हुआ चुपचाप
ज़रा-सी ऊँचाई से

नीचे झाँकने पर दिखाई देता यह कौन-सा प्रेत
दिन-रात बड़ा होता क्षण-क्षण होता भयानक
यह बेचैन करती कामनाओं का अतीत या एक भविष्य जो होना नहीं था
अब भाग रहा हूँ उससे बचने या उसे बेहतर रूप में पाने
या इस दहशत से कि नहीं पाया जा सकता उसे जो गुज़र गया
इस तरह इतना शोकाकुल हूँ इतना थका हुआ
कि खड़ा हूँ हाँफता हुआ यहाँ कमीज़ की बाँह से पोंछता पसीना
देखता हुआ अपना ही भय अपना ही रुदन
बस, ज़रा-सी ऊँचाई से।

आवाज़ों की धूल

होंठों की तरह हिल रही हैं पत्तियाँ
नदी, तारे, बादल अपने मद्धिम और सांद्र स्वर में पुकार रहे हैं
जैसे पुकार रही है बारिश
झिम झिम झिमझिम
कितने अदृश्य कीड़े हैं जो कुतर रहे हैं ख़ामोशी का पर्दा

एक आवाज़ के साथ रात में से खाली हो रही है नीरवता
वह गिर रही है जैसे गिरती है पानी की पतली धार

कितने बोले जा चुके शब्द हैं कितने लिखे जा चुके अक्षर
और कितने-कितने अबोले स्वर
जिनका पीछा कर रहा हूँ मैं जन्म-जन्मांतरों से
मेरे भीतर से भी दे रहा है कोई मुझे आवाज़

कहीं दूर से सुनाई दे रही है एक धुन
घिसट रहा हूँ मैं पठारों पर
लुढ़क रहा हूँ पहाड़ों से
मैं ज़ख़्मी हूँ आवाज़ों से
आवाज़ों के ही फाहे रखे हुए हैं ज़ख़्मों पर

आवाज़ों के ही धागे हैं रंग-बिरंगे
जिनसे लगातार बुनती चली जा रही है मेरी आयु
सब तरफ़ उड़ रहे हैं आवाज़ों के रेशे
उड़ रही है आवाज़ों की धूल
जो बैठ गई है मेरे कंठ में
उसी से रुँधा जा रहा है मेरा गला।

माइग्रेन

न शरीर, न आत्मा और न ही दुःख जैसा कुछ
बस, दूर-दूर तक साँय-साँय
दूर-दूर तक दुःखन और अनंत दूरी से चलाई गई सूइयाँ
तारी होती हुई एक बेहोशी
जिसमें एक आलपिन गिरने की ध्वनि का विचार
और एक स्मृति की पदचाप भी होती है असह्य
कोमल स्पर्श का भी लगता है वज़न
टूटी, घिसी हुई एक रील चलती है दृश्यों की धुंध में
जैसे अनगिन सुरंगों से गुज़रती है रेलगाड़ी-
धड़-धड़ धड़-धड़ धड़-धड़ धड़-धड़

रोशनी और अँधेरा
फिर रोशनी और फिर अँधेरा
एक पल अँधेरे का और दूसरा चुभती हुई मारक रोशनी का
धड़-धड़ धड़-धड़ गुज़रते हैं स्वप्न जैसे दृश्य:

एक पागल स्त्री मेरी छाती पर बैठी दबा रही है गला
भागता ही जा रहा हूँ मैं
दरवाज़े की चौखट से फूट गया है माथा
गिर गया हूँ उसी कुएँ में जिसके तल के कीचड़ में
सनी पड़ी हैं टीन की बाल्टियाँ और सड़ चुकी रस्सियाँ
जगत पर बैठी बहिन माँज रही है पीतल का गगरा
उसकी फ्रॉक पर गीली राख के दाग़ हैं
कनपटी पर गिरती है छिपकली
गाय के चारे में निकला साँप लिपटता है थनों से
पिता ज़रीब लिए भूखे-प्यासे नाप रहे हैं खेत
डेढ़ एकड़ दो एकड़
धड़-धड़ धड़-धड़ धड़-धड़ धड़-धड़

पुराने पार्क में अभी तक गिर रहे हैं पीपल के पत्ते
कॉलिज की इमारत पर गिर पड़ा है बम
भाई गिर गया है छज्जे से
अस्पताल का गलियारा भरा है क़ै-दस्त करते हुए मरीज़ों से
मैं पड़ा हूँ वहीं उनके बीच लिथड़ा हुआ
कोई गिर गया है सीढ़ियों पर
दूर कहीं से आ रही है तलत महमूद की आवाज़
टपक रहा है बाथरूम का नल
धड़-धड़ धड़-धड़ धड़-धड़ धड़-धड़

गड्ड-मड्ड हो रहे हैं देखे-अदेखे चेहरे
आधे अँधेरे आधे उजाले में चमक रहा है एक बीभत्स चेहरा
दु:खती आँखों के ठीक बीच में डूब रहा है धुँधला-सा सूर्य
मैं डूब रहा हूँ किसी अथाह गँदले पानी की झील में
आकाश से गिरता हुआ एक पंख के पक्षी की तरह

फटी जा रही हैं नसें बह रहा है पीला-सा रक्त
लुढ़क रहा हूँ पवित्र टेकरी की ढलान से
बीत रहा है मेरा जीवन एक दुःखते हुए सिर में
धड़-धड़ धड़-धड़ धड़-धड़ धड़-धड़!

जेब में सिर्फ़ दो रुपये

घर से दूर निकल आने के बाद अचानक आया याद
कि जेब में हैं सिर्फ़ दो रुपये
सिर्फ़ दो रुपये होने की असहायता ने घेर लिया मुझे
डर गया मैं इतना कि हो गया सड़क से एक किनारे
एक व्यापारिक शहर के बीचोबीच खड़े होकर
यह जानना कितना भयावह है कि जेब में हैं कुल दो रुपये

आसपास से जा रहे थे सैकड़ों लोग
उनमें से एक-दो ने तो किया मुझे नमस्कार भी
जिससे और ज़्यादा डरा मैं
उन्हें शायद नहीं था मालूम कि जिससे किया उन्होंने नमस्कार
उसके पास हैं सिर्फ़ दो रुपये

महज़ दो रुपये होने की निरीहता बना देती है निर्बल
जब चारों तरफ़ दीख रहा हो ऐश्वर्य
जब चारों तरफ़ से पड़ रही हो मार
तब निहत्था हो जाना है ज़िंदगी के उस वक़्त में
जब जेब में हों केवल दो रुपये

फिर उनका तो क्या कहें इस संसार में
जिनकी जेब में नहीं हैं दो रुपये भी!

इस नयी होती हुई दुनिया में

गृहस्थ जीवन की ऋतुओं में से गुज़रते हुए धीरे-धीरे जान सका मैं
अथाह जलराशि, अनगिन तारों और असमाप्त इच्छाओं से भरा
उत्कट, गर्वीला, अपराजित और नतमस्तक प्रेम
नाख़ूनों से जान पाया मृत कोषाओं का सौंदर्य

उनका आवेग उनकी हिंसा
पलकों पर झिलमिलाती चमक की एक बूँद में जिजीविषा का समुद्र
और वह भाषा जिसमें स्वर ही स्वर थे
आदिकाल से चले आ रहे स्वर जो मंत्रों में बचाये गए
उनको सीखा मैं तुम्हारी चेष्टाओं की ध्वनि से
जो आकर छपाक् से गिरती रहीं मेरी वासना की झील में
मैंने जानी प्रेम की गति नक्षत्रों से परे उसकी लय
उसकी खरोंच
सुबह की भारी अलसाई नींद में, विदा में, आलिंगन में
बघार की धाँस में, बाथरूम से आती नल की धार में
गिरते बर्तन की कर्कश आवाज़ में
क्रोध में, घृणा में और अपने पौरुष की जय-पराजय में
यह एक रोज़-रोज़ का होना था जो अपनी तरह से होता रहा
वहीं देखा मैंने प्रेम के भीतर कितनी चिंता है
कितनी आशंका और कितनी असहायता

विश्वास की तलवार जैसी धार पर चला मैं तुम्हारे साथ
धीरज की एक नई दुनिया थी जहाँ बार-बार हुआ जाता था अधीर
वहीं थी एक स्वर की आर्द्रता जिसने हर बार मुझे
पेश किया किसी योद्धा की तरह
इस तरह कि भूल गया मैं
कि मैं तो टूट-टूटकर बिखरता हुआ एक पुरुष हूँ
सुंदरता को नए रूप में जाना सबसे ज़्यादा सबसे बेहतर तुम्हारी थकान में
और सबसे पहले तुम्हारी उस बेसुध नींद में
जिसमें बेपरवाह चमक रही थीं तुम्हारी पिंडलियाँ
और जाना आत्मीय निर्लज्जता का सौंदर्य और रहस्यों का गुम्फित जाल
जहाँ एक देह में दिखीं मुझे करोड़ों देह की रश्मियाँ
और वह हिंसक दुलारता हुआ आश्वस्त करता ओजमय रूप
जहाँ कामनाएँ विसर्जित होती रहीं एक स्वेद-बिंदु में

अब जबकि तुम्हारे बिना हज़ारों चाँदनी रातों का कोई अर्थ नहीं
अनगिन अँधेरी दुर्गम रातों में तुम्हारे होने की रोशनी में
पार किए हैं मैंने बीहड़

और कभी नहीं रहना चाहा इस तरह जीवित
कि जहाँ न हो तुम्हारे होंठों की ऊष्मा वहाँ रहूँ
उस जगह के शीत से हर वक़्त घबराया रहा जीवन
मैं नहीं आना चाहता था तुम्हारे स्पर्श की दुनिया से बाहर
और उस वासना से जिसके प्रकाश में गुम होते रहे मेरे द्वेष
जिसमें पिघलती रही मेरी ईर्ष्या मेरी पशुता

लेकिन यह कौन–सा समय है जिसके विशाल चटियल मैदान में
पहुँच गए हैं हम चलते हुए
जहाँ स्पर्श की कामना और उत्तेजना चिंता के समुद्र में डूब रही है
जहाँ झर रहा है तुम्हारा पराग
टूट रही हैं इच्छाओं की पंखुरियाँ
जहाँ दूर–दूर तक नहीं सुनाई पड़ती कोई तान
यह कौन–सी ऋतु है जहाँ शब्दों से उनके अर्थ छीने जा रहे हैं
जहाँ हर क्षण बंद होती है एक खिड़की
और हम याद नहीं कर पा रहे हैं हमारा ही जीवन
''इस नई होती हुई दुनिया में ख़ुश हैं''–कहते हुए
देखते हैं कि कितने सारे पत्थर हैं जो गिर रहे हैं हमारी नींद में

इस दुनिया में बचे हैं हम सुनते हुए अधूरे स्वप्नों की पदचाप
जो भटक रहे हैं हमारी आँखों में
जहाँ पंद्रह साल शताब्दी की तरह गुज़र गए हैं दुनिया के बीच में से
ठीक वहीं से मैं शब्दों को एक निरर्थक व्याकरण के बीच
रखने की हास्यास्पद क्रिया में जुटा हुआ हूँ
जैसे बेचैनी के पंख से सुखाता हुआ इस पूरे जीवन का पसीना।

मैं क्या हूँ!

एक पत्ता काँपता हुआ चाँदनी में
थोड़ी झुकी मीनार जो जैसी दिखती है धुँधलके में
एक रंग गिरता हुआ कैनवस पर अटपटा
या दुःख का एक थक्का जमा हुआ रक्त की तरह

काली मिट्टी का एक ढेला स्पर्श भर से बिखरने को आतुर
क़िले का दरवाज़ा जो ढह गया एक तरफ़ से
अपनी ही छाया टूटकर बहती हुई रात की नहर में
होंठों पर न्यौछावर होती एक जलती हुई इच्छा
या एक भविष्य जो सब कुछ देख लेने के बाद बैठा गुमसुम

नदी के घाट पर ज्येष्ठ के दोपहर का मौन
अपने ही अचेतन का अनचीन्हा भटकता सुर
एक टुकड़ा बादल का यहाँ तक आया हुआ बहकर
कोई पराजित जीवन अटका हुआ नैतिक वाक्य में
या हलका मेह बरसता हुआ अपने से पहले की बारिश के पोखर में

एक क्रोधित चेहरा जकड़ा हुआ शिकंजे में
अपनी ही शक्तियों के शाप से शापित पत्थर कोई
गलता हुआ हिमखंड
हिंसक गुर्राहट एक शिकार के लिए चौकन्नी
एक हँसी जिसमें प्रकट होने की सामर्थ्य नहीं
या एक संकल्प गिरता-पड़ता उठता हुआ बार-बार!

हारमोनियम की दुकान से

उस पुरानी-सी दुकान पर ग्राहक कोई नहीं था
बस एक बूढ़ा आदमी चुपचाप झुका हुआ एक हारमोनियम पर
इतना तन्मय और बाक़ी चीज़ों से इतना बेख़बर
कि जैसे वह उस हारमोनियम का ही कोई हिस्सा

वह बार-बार दबा रहा था एक रीड को
शायद उसकी स्प्रिंग ठीक नहीं थी
धम्मन चलाते हुए उसने कई बार उस रीड को दबाया
एक हलका-सा सुर गूँजता था उस भीड़ भरे बाज़ार में
जो दस क़दम की दूरी तय करते-करते तोड़ देता था दम
ग़ज़ब कोलाहल के बीच एक मद्धिम सुर को साध रहा था वह बूढ़ा
और चिंतित था कि ठीक तरह से निकले वह सुर
वह इस तरह से सुनता था उस मद्धिम सुर को
जैसे इस समय की एक सबसे ज़रूरी आवाज़

मुझे याद आ रहे थे वे सारे गीत जिनमें बजता रहा हारमोनियम
और बचपन की भजन संध्याएँ
जिनमें हारमोनियम बजाते थे ताऊ तो रुक जाता था पूर्णमासी का चाँद

अचानक ख़ुश हुआ वह बूढ़ा
और तनिक सीधे होते हुए धम्मन चलाकर
उसने दबाई वही रीड जिसे सुधार रहा था वह बहुत देर से

एक सुर था वह
अकेला और निश्शोक
जिसे लेकर आया मैं हारमोनियम की एक पुरानी दुकान से।

इस काल में

आसपास का सारा शोक, प्रपंच और चातुर्य
अपनी आत्मा की भट्टी में गलाते हुए सब हँसते हैं रात-दिन
जैसे इन्हीं दिनों के लिए किया था हमने तप
जैसे इन्हीं दिनों के लिए बेचैन रहे हज़ारों रातों में
जबकि पूरा दृश्य उतना ही करुण और उतना ही कातर है
जितना हमारे भीतर का साहस

फैल रही है संबंधों की हिंसा
जिन्हें करते हैं सबसे ज़्यादा प्रेम
सबसे ज़्यादा ख़तरा है उन्हीं के ऊपर
जिन्हें देखना चाहते रहे हम बार-बार
वे आख़िरी बार दिखाई दिए किसी को
जाते हुए सुनसान पहाड़ी की तरफ़

इस काल में हम सबकी कथा एक जैसी है
हम एक ही नाटक में बार-बार कर रहे हैं काम
हमारी हँसी, हमारे शब्द, हमारा श्रृंगार
और हमारी भूमिका इस हद तक एक-सी है
कि हर बार धोखा खाते हैं हम एक-दूसरे से
चौंकते हुए देखकर अपने ही क़रीब
ठीक अपने ही जैसा अभिनय!

माँ अतिथि है

माँ घर में आई है लेकिन वह अतिथि है
उसके पास उसके हज़ारों बाक़ी रह गए काम हैं
उसके पास उसका अपना घर है
जिसे लंबे समय तक नहीं छोड़ा जा सकता सूना
जो भरा हुआ है बीते हुए समय से

माँ धीरे-धीरे चली गई है इतनी दूर
कि उसके सबसे स्मरणीय और चमकदार रूप के लिए
लौटना होता है कई साल पहले के वक़्त में

मैं चाहूँ तो भी नहीं रोक सकता माँ को जाने से
भूल चुका हूँ मैं हठ करना
दूर-दूर तक नहीं बची रह गई है मुझमें अबोधता
धीरे-धीरे मैं ख़ुद चला आया हूँ माँ से इतनी दूर
कि मेरे घर में अब
माँ एक अतिथि है।

जैसे मेरे ही शहर में

पराये शहर में थोड़ी-सी फ़ुर्सत हो
तो धीरे-धीरे लगता है कि यह शहर अजनबी नहीं
कोई मोहल्ला ही है अपने शहर का जहाँ
किसी वजह से आना नहीं हो पाया अब तक
यहाँ भी बेकरी की उतनी ही छोटी दुकान उतना ही कम सामान
जितना मेरे घर के बगल की दुकान में
कुत्ता हड़काए जाने पर पूँछ दबाए भूँक रहा है ठीक उसी तरह
जैसे दूसरी गली का कुत्ता डरता हुआ पत्थर उठाने के अभिनय से
फ़ुर्सत में ही दिखती हैं चीज़ें अपने सही रंग और रूप में
जहाँ बैठा सुस्ता रहा हूँ मैं उसके सामने का मकान दिखता है वैसा ही
जैसा मेरे शहर में मेरे एक दोस्त का
मुमकिन है कि आवाज़ दूँ तो निकल पड़े वह बाहर, कहे
तुम यहाँ कहाँ बैठे हो-चलो अंदर, बहुत दिनों बाद आना हुआ
जहाँ चाय पीकर रखा गिलास वहाँ वैसी ही मुरम है

जैसी मेरे शहर के मैदान में
चप्पल उतारकर वहाँ पाँव रखता हूँ
तलुए उसी तरह लाल होते हैं

पास में ही चार-पाँच के झुंड में चिड़ियाँ चुग रही हैं दाना
जैसे चुगती हैं घर के पीछे वाले खाली प्लॉट में
दूब और कचरे के बीच उड़ रही हैं पॉलीथिन की थैलियाँ
दो कौए बैठे हैं रेलिंग पर करते काँव-काँव
बिजली के तारों में यहाँ भी उलझी हुई है एक पतंग
बच्चे लौट रहे हैं उसी तरह स्कूल से ड्रेस में अस्त-व्यस्त
इन्हीं में होगा मेरा बेटा भी रटाई गई बातों से थका
लगता है काफ़ी देर हुई मुझे चलना चाहिए अब
वरना बड़ी बेटी आ ही जाएगी खोजती हुई
कहेगी, अब चलो भी-माँ कब से कर रही है आपका इंतज़ार।

वह पेशाबघर

तीन जगह पूछने पर बमुश्किल खोज पाया उस पेशाबघर को
जो एक तंग गली में था बीच बाज़ार में
घिरा हुआ चारों तरफ़ दुकानों से
उसके ठीक बाजू में थी धनिये के आढ़तिये की दुकान
पेशाबघर को बाज़ार से ओट देने के लिए बनाई गई दीवार पर
चमक रहा था कोकाकोला का विज्ञापन
कुछ इस तरह से भी छिप गया था वहाँ पेशाबघर का होना
पेड़ू की नसों के खिंचाव और बदहाली के बीच भी
मुझे हँसी आई और मन ही मन मैंने लोहा माना उसका
जिसने विज्ञापन के लिए चुनी यह दीवार

ज़रा-सा अंदर झाँकते ही एक भभका आया
मेरे भीतर बैठे रसायनशास्त्र के विद्यार्थी ने पहचान लेने की पुकार लगाई-
अमोनिया! अमोनिया!!

दो घर थे दोनों भरे हुए
पहले में एक बूढ़ा खाँस रहा था इत्मीनान से बैठा
उसकी धोती का कोना छू रहा था नम और गंदे फ़र्श को

घिन के बावजूद मैं मजबूर था यह दृश्य देखने के लिए
कि मेरे पीछे तब तक लाइन में आ चुके थे चार लोग
दूसरे घर में एक आदमी एक हाथ से नाक पकड़े हुए
कुछ जल्दबाजी में था
उसकी तरफ़ सब देख रहे थे उम्मीद से
उधर बूढ़ा खाँसे जा रहा था बेफ़िक्री से
तमाम दुर्गंध, मक्खियों और गंदगी से निरपेक्ष
शायद उसे प्रोस्टेट की बीमारी हो—मैंने दयाभाव से सोचने की कोशिश की तो
मुझे मेरे दादा की याद आई
मगर तब तक दबाव इतना हो गया था कि मैंने उसे मन ही मन गाली दी

आख़िर वह अधेड़ ही बाहर आया
कोने में पान की पीक से पुराने पड़ते और रोज़ नये होते धब्बों
गुप्तरोगियों के मसीहाओं और नयी जवानी के दाताओं के पर्चों के बीच
वहाँ एक अखिल भारतीय कवि-सम्मेलन का पर्चा चिपका था
और पाँच मील दूर हनुमानजी की मूर्ति अचानक निकल आने पर
मुफ्त भंडारे का पोस्टर भी

इन सबसे निबटकर चैन की साँस लेते हुए बाहर आया तो
नथुनों में भर गई धनिये की ख़ुशबू
तब ध्यान से देखा कि पेशाबघर
बीस क़दम की दूरी से भी नहीं लगता था पेशाबघर
उसके दूसरी तरफ़ थी टेलीविज़न की दुकान
वहीं दुकान के आगे फुटपाथ पर रखे हुए थे टेलीविज़न के मॉडल
एक के ऊपर एक
लगता था कि किसी का भी स्विच ऑन किया जाए तो
सामने आ जाएगा पेशाबघर की दीवार पर बना हुआ
कोकाकोला का विज्ञापन।

ज़िलाधीश कार्यालय के परिसर में

घर-गाँव छोड़े हुए चार दिन
अहाते के पेड़ के नीचे बैठा है हलवाहा
घरवाली ने रखी थीं जितनी भी जुवार की रोटियाँ

हो चुकी हैं ख़त्म
नाज़िर कहता है अभी रुको दो दिन और!

बाबू माँगता है कलेक्टर की नाक के नीचे
दो सौ रुपये की रिश्वत
सारे हाकिम रोज़ आते-जाते हैं पेट हिलाते हँसते
भूखे असहाय हलवाहे के सामने से

उधर सरपंच का लड़का दुनाली टाँगकर
हर किसी के खेत में चरने देता है अपने बैल
तलुओं में काँटे लेकर जोतता आया है वह खेत और किसी के
जिस धरती पर सोता रहा वह अब तक
उतनी धरती भी उसकी नहीं

सरकारी आकाश के नीचे भूखा लेटा हलवाहा
याद करता है अपने घर पर बँधी गाय
जो नहीं देती दूध और होगी भूखी
उसके बच्चे उजड़ रहे जंगल में ढूँढ़ रहे होंगे करौंदे

चार दिन से चकरघिन्नी हो रहा हलवाहा
अब लेटा है अशक्त।

मेरे चारों तरफ़

कितने लोग हैं मेरे चारों तरफ़ फैले हुए
लेकिन मुझे वे घेरते नहीं मेरे साथ रहते हैं

सब्ज़ीवाले पुकारते हुए
ठिठोली करते बच्चे अपने खेल में झगड़ते भागते
स्त्रियाँ अपने काम में जुटीं मगर दुनिया भर की बातों में मशग़ूल
ताँगेवाले गुज़रते हुए लगाते हुए अपनी हाँक
सरकारी नल पर जुटी हुई है वही सनातन भीड़
हलवाई अपनी मस्ती में बना रहा है जलेबियाँ
एक रोगी की कराह भी आ रही है यहीं क़रीब से
चिल्ल-पों है और अनगिन आवाज़ें

कितनी हलचल है
कितने सारे लोग

जो मुझे समेट रहे हैं अपनी बाँहों में
जिनके बिना मेरा होना इस संसार में होना नहीं होगा
मेरे चारों तरफ़ इतनी व्याप्ति
कि मुझे किसी संभव द्वीप की निर्जनता से करती हुई निर्वासित!

अनंतिम

यह थकान, यह हताशा, यह मलबा, यह पराजय
कुछ भी अंतिम नहीं है
देखते-देखते अभी उठूँगा पस्ती को रौंदता हुआ
आएगा मेरे भीतर से मेरा अपराजित मनुष्य
फिर से शुरू होगा जीवन
धूमिल हो रही चीज़ों पर फिर से आएगी चमक

इतने ख़तरे हैं इतना है उन्माद
कि कुछ भी अंतिम नहीं अपनी स्थिति में
इतनी है मारकाट कि हँसी हँसी को खा रही है
हिंसा हिंसा को
नहीं कह सकता कब तक बचा सकूँगा
एक पँखुड़ी, एक पत्ती या एक बूँद आँसू
नहीं कह सकता कब तक खड़ा रहूँगा सह सकूँगा कितने वार
और कब गिर जाऊँगा समय की छाती पर

मैं किसी स्पर्द्धा में शामिल नहीं
मैं सिर्फ़ कर रहा हूँ अपना काम
संभव है अब जब मैं गिरूँ तो लोग कहें
काम करते-करते सुस्ताने के लिए रुक गया है कोई

कोई नहीं कह सकता
कि फिर से नहीं उठ पड़ूँगा मैं!

चुंबक

वह छोटा सा लौह चुंबक था
जिसने मेरे बचपन के कुछ दिनों को
भर दिया था असीम कौतूहल और खेल से

प्रेम और विरक्ति का पहला पाठ सिखाया
चुंबक के आकर्षण-विकर्षण के खेल ने ही
फिर इस संज्ञान ने दिया विलक्षण अनुभव
कि सबसे पहले हमारे परम अणु को
स्पर्श करती है एक चुंबकीय तरंग
कि हम एक चुंबक पर पैदा होते हैं
और उसी चुंबक पर रहते हुए बिताते हैं अपना पूरा जीवन
और यह कि चुंबकों के दो ध्रुवों के संयोग से ही
संभव होता है हमारा जन्म

हर जगह हर वक़्त चुंबकों ने ही रखा मुझ मनुष्य को जीवित
सबसे विशाल और अपराजेय चुंबक था उम्मीद का
जिसे हज़ारों बार पटका गया
हज़ारों बार जिस पर बरसाए गए घन
मगर नष्ट नहीं किया जा सका जिसका चुंबकीय बल
उम्मीद, जो हर सुंदर चीज़ को देखकर
होती रही अपने आप पैदा

किताबों से मालूम हुआ
कि हर चीज़ को नहीं बनाया जा सकता चुंबक
जीवन से मालूम हुआ कि ऐसी कोई भी चीज़ नहीं
जिसे न बनाया जा सकता हो चुंबक
और यह बात सबसे ज़्यादा समझ में आई एक काष्ठशिल्प को देखते हुए
जिसकी ताईद कलाकार, बच्चे, खिलाड़ी, स्त्रियाँ और मज़दूर
रोज़-रोज़ बार-बार करते रहे
कि सब कुछ अटका हुआ है चुंबक के अदृश्य धागे से
चुंबकीय क्षेत्र में ही घटित हो रहा है जीवन का रेशा-रेशा

अचानक कौंधता एक दृश्य जो रोक लेता है राहगीर को
नश्वर एक क्षण जो अकसर ही खींचता है
पूरी उम्र को अपनी ओर
एक विचार जो बदल देता है पूरा जीवन
आधा-सा विस्मृत कोई चेहरा
जो हर एक पदार्थ में से झाँकता-सा है

बार-बार एक ही पेड़ के नीचे जाकर बैठना
एक पुकार जो हृदय में उठाती है ज्वार
एक रंग जो उदास से चित्र को भर देता है उमंग से
एक कथा एक जीवनी
धुँधली-सी पंक्ति कोई
सुर की एक लहर जिस पर बैठकर
नाप लिये जाते हैं महासागर
और वह एक निर्निमेष दृष्टि
जो बंद होती है स्मृति की डिबिया में
वही, जो बनी रहती है कुतुबनुमा
इस भटकते हुए जीवन को बार-बार लौटा लाती है उसी ठौर पर
जहाँ से हर बार संभव होती है एक नयी यात्रा

रोज़मर्रा के चुंबक अनगिन
जिनसे आवेशित हमारे रक्त के लौह कण
इंद्रियों में से बहतीं वासना की विद्युत चुंबकीय तरंगें
जिनके गुज़रने के बाद बचते हुए हम अपनी पार्थिव देह में

फिर ज्ञानेन्द्रियों के चुंबकों का वह विराट चुंबक
जिसके चुंबकीय क्षेत्र में विलीन होती हुई यह माया
यह सृष्टि
और यह अजर काया।

एक और शाम

रोशनियों की क़तारें अब मेरे भीतर हैं
कुछ उजाले बाहर छितरे हुए इधर-उधर
दिख रहे हैं बिखरे हुए फूलों की तरह
फीकी पड़ रही दिन की चादर में
एक नए रंग का पैटर्न

यह संधिकाल जहाँ एक उम्मीद मिल रही है
आर्द्रता में लिपटी हुई दूसरी उम्मीद से
एक ढलती हुई निराशा

एक युवा होती निराशा से
ऋतुओं की अंतरिम सूचनाएँ बाहर आ रही हैं
अभी-अभी दर्ज़ हुई है एक नयी ऋतु
जिसे कोई कीड़ा अपने अपूर्व राग में गा रहा है

थकान के आगे अब
रात की लंबाई का निश्चित भविष्य है
रात एक विशाल ख़ाली पात्र की तरह आ रही है सामने
भरा जा सकेगा जिसमें आसन्न दिवसातीत
हँसी की वह लपट, लपलपाती इच्छा
और वह करुण ऊर्ध्व हूक जो उठती ही जाती थी

यह शाम घट रही है किसी भी समय के बाहर
बीत रहा है समय नश्वर
ठहरी हुई है अमर शाम की यह बेला
उदासी की बर्फ़ से टकराती हुई
परावर्तित होती हुई उत्सुकता के जल से
चमकती हुई आकांक्षा की आँख में

अब इसमें संगीत की जगह निकल आई है
यहाँ बजाया जा सकता है संतूर
बल्कि बजने ही लगा है वायलिन
यह जलतरंग है जो शाम की नसों में व्याप्त हो रहा है
मुझे खेद है कि इस संगीत के साक्षी हैं
भागती हुई उमस, दिन भर का धुआँ
और जल्दबाज़ी के बीच मचलती हुई एक टीस

और यह शाम है कि जिसे छुआ भी नहीं जा सकता
जिसकी तसवीर खींचना नामुमकिन
इसमें रहते हुए सिर्फ़ इसे महसूस किया जा सकता है
यह शाम है एक शरण
एक उल्लास   एक घर   एक वास्तविक जगह
जिसकी तरफ़ लौटा जा सकता है
जैसे एक पक्षी घर की तरफ़ नहीं लौटता है
इसी शाम की तरफ़ लौटता है।

अतिक्रमण

अतिक्रमण के समाज में जीवित रहने के लिए
सबसे पहले दूसरे के हिस्से की जगह चाहिए
फिर दूसरे के हिस्से की स्वतंत्रता

अनंत है अतिक्रमण के विचार की परिधि
इसलिए फिर दूसरे के हिस्से का जीवन भी चाहिए
वासनाएँ नए क्षेत्रों में करती हैं घुसपैठ
सिद्धांत और सुभाषित बदलने लगते हैं हथियारों में

समुद्र की तरफ़ अंतरिक्ष की तरफ़
पाताल की तरफ़
दसों दिशाओं में लालसाएँ मारती हैं झपट्टा

फिर मारने की चीज़ के बारे में लंबे प्रचार के बाद
तय कर दिया जाता है कि वह बचाने की चीज़ है
जैसे जिसके पास बंदूक है वही अमर है

फिर मनुष्य ही करते हैं मनुष्यों पर अतिक्रमण
घेरते हुए खुद को वस्तुओं से
आसक्ति की चाशनी में वे पागते चले जाते हैं
एक ऐसा नया संसार
जिसमें मानवीय दिखता हुआ हर उपक्रम
किसी नयी वस्तु को ले सकने की सामर्थ्य बताता है

कितना दबाया हुआ है दूसरे के जीवन का रक़बा
और पृष्ठभूमि में से झाँकती हैं कितनी वस्तुएँ
इन बातों से ही फिर बनने लगती है
दुनिया में किसी की भी आदरणीय पहचान।

बहस की ढलान पर

सामने बैठे दोस्त के चेहरे में एक आईना था
जिसका पारा एक तरफ़ से लुढ़क गया था थोड़ा-सा
या शायद वह बढ़ती हुई रात का दबदबा था
दाईं तरफ़ बैठा दोस्त निढाल आवाज़ में भी

कुछ कहने की कोशिश करता था
कि हम विश्वास करते हैं जीने की इच्छा रखनेवाले मनुष्यों में
और दया भी नहीं करना चाहते हैं राजनेताओं पर
जानते हैं कि क़ानून ने हमें सबसे ज़्यादा परतंत्र बना रखा है
हमें समझना चाहिए कि आ सकने वाले सुंदर जीवन के लिए
ठुकराना ही होता है वर्तमान के सुखों का थाल

तिर्यक कोण में बैठा दोस्त बुदबुदा रहा था :
मैं कुछ बातें तथ्यों की तरह रखना चाहता हूँ
मसलन, रात में चाँद हमारे साथ उतना ज़्यादा चलता है
जितने कि चाँद के साथ हम ख़ुद
हम जो थोड़ा प्रकाश अपने रहने की जगहों में करते हैं
उसका कुछ हिस्सा पहुँचता है बाहर भी
और यह कोई आस्था या श्रद्धा की बात नहीं है
जैसे कि यह मूर्खता यह व्याकुलता यह असफलता
या कुछ न कर पाने का यह संताप
ये भी कुछ तथ्य हैं ठोस
अपनी चमक और अंधेपन से भरे हुए
हमारी आत्मा पर जिनसे टकराने के निशान हैं
सुबह जो दिखते ही हैं शरीरों पर

एक कहता था कि दिक़्क़त यह भी है कि मिस्त्री, टायपिस्ट
पत्रकार, मज़दूर, गृहिणियाँ
अफ़सर, शरणार्थी और बचे हुए अनेक
जिन्हें भी मिल गया है मताधिकार और दो जून का भोजन
वे सभी हो चुके हैं सहनशील और उदासीन
बाहर सड़कें आपाधापी और शोर से मुक्त हो गई हैं
चीज़ों की आवाज़ अपनी वास्तविकता में सुनाई देने लगी है
और उनका अकेलापन अब नहीं छिपा पा रहा है कोई दूसरा
रोमांचित कर देने वाली ताक़त सतह पर है
जो हमें इस रात में सिर्फ़ पाँच की संख्या में छोड़ गए
वे भी शामिल हैं हमारी इस बहस में
कल उनसे फिर मिलने की आशा की जानी चाहिए

बाईं तरफ़ बैठे दोस्त ने जिधर कम उजाला है
उधर खिड़की के बाहर देखना शुरू कर दिया है एकटक
ज़ाहिर है कि उसका लगभग अँधेरे की तरफ़ देखना भी
हिस्सा है इसी बहस का ही।

रेखागणित

अंतरिक्ष के असीम में
क्षितिज के विस्तृत चाप पर
वह शुरू होता है हमारी निगाह के कोण से
और टिका रहता है अरबों बार छीली जा चुकी
पेंसिल की नोक पर

जटिल विचारों की रेखाएँ काटतीं एक दूसरे को जीवन में
और कितना दुश्वार इस सीधे-सादे सच पर
यकायक विश्वास कर पाना
कि एक सरल रेखा में छिपा हुआ है एक सौ अस्सी डिग्री का कोण
और यह कि वृत्त की असमाप्त गति में शामिल जीवन का पूरा चक्र
अलग-अलग दिशाओं में जाने वाली रेखाओं में प्रकट
असमान ज़िंदगियों के बीच की हर क्षण बढ़ती दूरी
और वहीं कहीं छिपे वर्ग-संघर्ष के बीज
समाज के स्वप्न में चीखता है स्वप्नद्रष्टा
बनाओ समबाहु समकोणीय चतुर्भुज-
शोषणमुक्त एक वर्ग!

याद करो सुदूर रह गए बचपन में
सुथरा षट्कोण बनाने का वह प्रयास अथक
वह शंकु जिसे काटने पर मिलती आकृतियाँ नाना
पायथागोरस की हर जगह उपयोगी वह थ्योरम
बस्ते में अभी तक बजता हुआ कम्पास बॉक्स
और संबंधों का वह त्रिकोण

यह रेखागणित जिसमें सबसे आसान है बनाना डिग्री का निशान
और बहुत मुश्किल बना पाना
एक झटके में चंद्रमा की कोई भी निर्दोष कला

हर बार एक छोटी-सी अधूरी रही इच्छा
एक ऐसी सिद्धि
जिसे हमेशा ही सिद्ध किया जाना शेष
न्याय-अन्याय की रेखाएँ चली जाती हैं समानांतर
कभी न मिलने के लिए अटल
व्यास, परिधि, त्रिज्या और पाइ
इन औज़ारों से भी मुमकिन नहीं नाप सकना
जीवन के न्यून कोण और अधिक कोण के बीच की दुर्गम खाई
एक बिंदु में छिपे अणु हज़ार
और दबी-कुचली, टूटी-फूटी रेखाओं की पुकारों
आहों से भरा यह नया ग्लोबल संसार
ऋजु रेखा की तरह अनिश्चित गति से भरा
जिसके आगे रेखागणित भी अचंभित खड़ा

हिरणी, सप्तऋषि, अलक्षित तारे
नदी तट पर चँद्रमा बाँका
रति की प्रणति आकृतियाँ मिथुन और वह बाहुपाश
यह लिपि प्राचीन, उड़ती चिड़िया, हज़ारों विचार
उत्तरायण-दक्षिणायन होते सूर्य महाराज
पिरामिड, झूलती मीनार
रोटी, काग़ज़, छाता, बर्तन
हिलता हुआ हाथ और वह चितवन
पहाड़ का नमस्कार, खजूर का कमर झुका कर हिलना
दिशाएँ तमाम जिनके असंख्य कोण पसरे ब्रह्मांड में
और यह अनंत में घूमती ज़रा-सी तिरछी पृथ्वी

मैं यूक्लिड कहता हूँ देखो-
जिधर डालो निगाह
उधर ही तैर रही है एक रेखागणितीय आकृति
और वहीं कहीं छिपा हो सकता है
ज़िंदगी को आसान कर सकने वाला प्रमेय।

(यूक्लिड-रेखागणित के पितामह)

भाषा से परे

सरसराहट की भी जो एक भाषा है
जैसे चहचहाहट की और चुप्पी की
धूप की उदासी की
और चंद्रमा के दिखने की एक भाषा है
जैसे अन्याय के दृश्य की
और निद्रा हर लेने वाले स्वर की
जैसे बढ़ई के रंदे की
और नाविक के चप्पू की जो भाषा है
ऐसी अनंत भाषाओं के बीच
जो जानी-पहचानी भाषाएँ हैं चलन में
उनमें से एक भाषा की सामर्थ्य के
कोलाहल और एकांत में रहता है कवि
मनुष्य द्वारा बना ली गई भाषाओं के बाहर
जो भाषाएँ हैं असंख्य और अकूत
उन सबको अपनी भाषा में जगह देता हुआ
उनकी ध्वनियों को और ख़ामोशियों को
ठोंक-पीट कर काम लायक बनाता
समाज के हाशिये पर बैठा जैसे ठीक बीच में

एक दिन जो उसकी बेचैनी है उससे कहती है
भुगतो उसकी यातना भी
जो दी जा रही है निरपराध को
चीख़ के बाद के एक स्त्री के मौन में जाकर रहो
नींद में रह रही उसकी सिसकी में ठहरो
और उस नीली लौ में जो बुझने से पहले
निर्बल दीपशिखा के पेराबोला में चमकती थी तेज़
और उस कराह में जो ग़रीबी से पैदा होती है
लिखो हमारे प्रेम को असमर्थ भाषा के
किसी समर्थ दिखते कमज़ोर से शब्द में
एक कोशिश के गर्भ में रहो और देखो कि वह
निष्फल न हो इस बार
नश्वर में रहते हुए अनश्वर की तरह जो जीवन है

प्रकाश के वृत्त के बाहर जो निर्वचन अंधकार है
खींचकर लाओ उसे भी भाषा की परिधि में

भाषा की लाठी के सहारे ही चढ़ना होगा
भाषा से परे का यह दुर्गम
आकर्षक पहाड़।

परिचय बार-बार

यह गुलमोहर एक बार फिर श्रीहीन
लेकिन ठीक वैसा नहीं जैसा था पिछले बरस
या था उसके भी पिछले बरस
मेरे होश-हवास की यह 12563वीं रात है
जो पहले थीं उनसे कितनी अलग
यह अधिक उदग्र है अधिक मारक
देर रात तक जाएगा इसका ताप

यह वही पुराना रास्ता
लेकिन इस पर अलग तरह की धूल
फेफड़ों में इसकी नयी गंध नया स्वाद
यह एक पंक्ति खुलती हुई नए अर्थ में
जीवन को आगे धकेलती यह नयी उदासी
थकान है गिरती हुई नयी भंगिमा के साथ
वही भूख वही प्यास लेकिन इस बार नयी
यह पुष्पदल खिलता हुआ पहली बार
जिसके पूर्वजों को खिलते देखा पहले कई बार
पूरे परिप्रेक्ष्य को बदलकर नया करता
पीले रंग के नए शेड का नया आसमान
और यह नयी होती हुई पुरानी स्मृति
जिसमें रहना होगा कुछ देर अभी

यह चिर-परिचित नया-सा दुख
इस बार थोड़ा उमेठा हुआ थोड़ा सख़्त
वे ही शब्द लेकिन हर बार नयी कला, नया संवाद
और इसके बरअक्स वही पुरानी हताशा

ख़्वारी गाँठने की कोशिश में इस साहस पर
जिसका हुआ पुनर्जन्म अभी
छाती में भरा हुआ जिसका नवीन उल्लास है
देता हुआ बार-बार अपना नया परिचय।

चित्र विचित्र

चटकदार भी हो सकता है विदा का रंग
मिलन हो सकता है
श्यामल पृष्ठभूमि पर तूलिका के निशानों से आहत
उम्मीद की आश्वस्ति में एक रंग
जो आ गया है यहाँ तक बहकर
अब कलाकृति है

सब तरफ़ रंग हैं अपनी अनंतता में जगमग
और अपनी ही उदासी में सिकुड़े
ये मृत्यु के रंग हैं और लगभग ये ही जीवन के
रंगों की दुनिया है ही अजब
जिसकी यह एक श्वेत-श्याम तसवीर लगी हुई एलबम में
जिसमें जंगल हैं गलियाँ हैं आयु है
घर हैं और उनमें रहते चले जाने के रंग-बिरंगे दिन
वहीं हैं असमाप्त इच्छाएँ सजी-धजी
पूरी हो जाने की चाह में हर वक़्त मुदित

रंगों की दीप्ति से भरे ज़िद्दी चित्रकार
घूमते हैं बस्ती की गलियों में चौराहों पर
उठाते हैं इसी संसार में से फिर कुछ नए रंग
और बिताते हैं अपना यह जीवन
जिसे हर बार शुरू करना होता है किसी ख़ाली जगह से

जैसा कि चित्रों और रंगों के साथ होता ही है
उनमें कुछ चीज़ें हम देख पाते हैं
और कुछ बातें नहीं देख पाते हैं
जैसे कोने वाले चित्र में जो तुम देख रहे हो एक पक्षी है

और जो देखते हुए भी नहीं देख पा रहे हो
वह है पक्षी के पंख की लालसा
और जो यहाँ एक रंग के भीतर है
चुपचाप और अपलक
वह अपनी सघनता में मनुष्यता की पुकार है

यहाँ इस जगह नहीं फैल पाया है कोई रंग
और जीवन यहाँ दिख रहा है
कैनवस के अपने मौलिक खुरदरे रंग में
इसी जीवन की एक तसवीर में देखिए
एक ने अपना सब कुछ सौंप दिया है
हलके नीले रंग को

यह संपन्न रंग खिलता हुआ
भूख से निकला है
और इस अजीब से रंग संयोजन ने अभी-अभी
दुनिया को सूचना दी है एक नयी सुंदरता की।

मैं ऐसे आततायी को जानता हूँ

मैं जानता हूँ एक ऐसे आततायी को
जो ग़रीबों में कंबल बाँटता है
जिसकी कमीज़ पर फूल
और होंठों पर हँसी बनी रहती है

मैं एक ऐसे आततायी को भी जानता हूँ
जिसकी तरफ़ लोग देखते हैं उम्मीद से
और जिसके चरण
मेरे पिता भी छूते हैं

मैं एक ऐसे आततायी को जानता हूँ
जिसमें एक भी बुरी आदत नहीं
और उल्लेखनीय है कलाओं के बारे में
जिसकी दिलचस्पी

धीरे-धीरे मैं
ऐसे कई आततायियों को जानता हूँ
बहुत मुश्किल है इस समाज में जिन्हें
अब आततायी कह पाना।

जीवाश्म

इस जीवन की एक खिड़की से बाहर
हमेशा एक गली होती है दिखती हुई
जिसके निशान सभी के घुटनों पर
जिनकी चोटों से आज भी झरती है धूल

एक समय होता है
जब गली में जितनी उतरती है सुबह
उतनी ही उतरती है वह आत्मा में
गली के तारे होते हैं ब्रह्मांड की पहली टिमटिमाहट
और गली की आवाज़ें ही जीवन की पहली आवाज़ें
इन सबके साथ ही अचानक एक दिन
जाना होता है हमें किसी दूसरे जीवन में
और जानने होते हैं दुनिया के तमाम रहस्य

फिर एक दिन हर बाशिंदे की तरह जान लेते हैं हम भी
कि गली के ज़रा से ही दिनों के इतिहास में
कई मकानों के बदलते हैं चेहरे
कई पर गिरती हैं बिजलियाँ
कई छिप जाते हैं समय की ग़र्द की ओट में
उजाले से भरे घरों में भरता है अँधेरा
जवानी पर पड़ती जाती हैं
झुर्रियों, काई और क़िस्सों की तहें

लेकिन गुज़र गए समय का भी एक जीवाश्म होता है
जो परतों के बीच दबा चला आता है रक्षित
जहाँ ग्रीष्म के अंधड़ से टूटे पत्ते भी
अपनी शिराओं के साथ रहते हैं सुरक्षित
यह बात सबसे ज़्यादा वह ओस जानती है

जो उजास के पहले के अँधेरे में चूमती है गली को
और पाती है वहाँ पहले से ही कुछ नमी है

फिर हम भी चले जाते हैं बहुत दूर तक
वहाँ तक जहाँ से कई रोशन चीज़ें
दिखने लगती हैं धब्बों की तरह
और लौटकर आते हैं किसी दिन
अजनबी जगहों की सीलन से और तिरस्कारों से भरे
देखते अपनी स्मृति की गली को
जिसकी पहचान में कुछ वक़्त लगता
लेकिन वहाँ अब भी कुछ ताँबा मिल जाता
कई जगहों पर दबे हुए होते बचपन के खनिज
सप्तऋषि होते जो गली के आकाश में अलग से चमकते
वहीं दिखते कुछ पेड़
जिनके बीज फेंके थे हमने ही बचपन के किसी खेल में
हमारे भीतर बची होती थी हमारी चाल
हँसी में गाल के गड्ढे होते
और जबड़ों की वैसी ही नुकीली हड्डियाँ
आँखों में होती वही टिमटिमाती उदासी
हमारे साथ ही चले आते हमारे जीवंत जीवाश्म
जिनसे हर बार पहचान लिया जाता था हमारा होना

गली में कुछ बच्चों के चेहरों को देखकर
हमें यकायक याद आते अपने बचपन के दोस्त
और हम देखने लगते अचरज से
हमारी दुनिया की इस गली को
जिसमें अब वे न थे
और हम थे।

शोकगीतिका

तुम पूछते हो कि कहाँ है वह हँसी
वे कचनार के फूल

निरभ्र आकाश, तारों की छटा
और दोपहरी का वह संग-साथ!

जो बचपन के साथी हैं उनके सवाल भी
हमारे बचपन में से निकलकर आते हैं
इधर के जीवन के लिए विस्मय
दुख और अविश्वास से भरे हुए
उस पार देखते हुए जैसे वहाँ सब कुछ सुंदर था
जैसे सब तरफ़ से झरती थी ख़ुशहाली

उन्हीं दिनों के बारे में पिता से पूछो
तो मिलती हैं कुछ दूसरी सूचनाएँ भी
दादी सुनाती हैं मुश्किलों की अलग ही कहानी
और पड़ोस के बाबा अब
याद भी नहीं करना चाहते उन काले दिनों को

एक ही वक़्त के बारे में इतनी तरह की अनुभूतियाँ हैं
इतनी तरह की स्मृतियाँ
कि हमारे अनुभव के सुख सरोवर में
दूसरों के अनुभव के विशाल पत्थर गिरते चले जाते हैं
एक हरी स्मृति को उसी क्षण काटती है
एक कत्थई या काली स्मृति

मेरे शोक के अजर स्रोत मेरे इतिहास में भी हैं

यह अनायास नहीं है
कि मैं अकसर ही देख लेता हूँ उस अशक्त पत्ते को
जो पकने से पहले ही छोड़ने को होता है अपनी जगह
चीज़ों ने, प्रचार ने, रिश्तों ने
और जीविका चलाने के थियेटर ने
जो चक्रव्यूह बनाया है उसी में रहता हूँ मैं
यह एक जाल है जिसे सदियों से मैंने भी बुना है
मैं घिर चुका हूँ नैतिक वाक्यों से
आशंका मुझे घुन की तरह खाए जाती है

मैं सितार बजाना जानता हूँ
बजानी पड़ती है मुझे शहनाई
जब सब तरफ़ से आते हैं हँसी के स्वर
मेरे कानों के समुद्रों में
असंख्य चीत्कारें उठाती चली जाती हैं ज्वार
चमकदार दृश्यों के पार्श्व से
बहती दिखती है ख़ून की धार।

कि

कि मैं प्रायः अकेला और हास्यास्पद हुआ
लेकिन तब तक मेरे पास
बहुत विकल्प न बचे थे
कि घनी आबादी के इस अविकसित देश में
विकसित हो चुके लोगों का साम्राज्य था

उधर होनी ही थी ग़रीबी सनातन
कि धर्म हो चुका था सनातन

कि मछुआरा अपने बेटे को पढ़ाना तो चाहता था
मगर मछली न मारने की क़ीमत पर नहीं
कि साक्षरता और खाद्य दो अलग विभाग थे
और इसमें सरकार बेचारी क्या कर सकती थी

अस्पताल से या दुकान से
लौटते हुए आदमी को लगता था
कि उसे लूट लिया गया है सरेबाज़ार
कि अब वह क्या कर सकता है
जबकि लुटने वाले अनेक हैं एकदम चुप

कि आख़िर स्त्रियाँ और बच्चे
सबसे आज्ञाकारी मज़दूर साबित हुए
तो इसमें मालिकों का क्या अपराध?

और अंत में यह
कि दुनिया को बदलने वाले लोगों का एक दल
हर काल में होता आया है
कि आज की यह तसवीर ही
संसार की आख़िरी तसवीर नहीं है।

परंतु

बुद्धिजीवी भी सड़क पर आ सकते हैं
परंतु क्या करें यह सरकार ठीक नहीं है
माना कि यह लोकतंत्र है
और हम सुधारना चाहते हैं यह समाज
परंतु इधर ठाकुरों के वोट बहुत हैं

बेचारा ज़िला दण्डाधिकारी भी
करना तो चाहता है कुछ हस्तक्षेप
परंतु उसके अधिकारों में
निर्बल को ही दंडित कर सकना सीमित है

कहते हैं इस आबादी में कई लोग हैं दयालु
परंतु उनकी संपन्नता से ही
ज़ाहिर हो जाती है उनकी क्रूरता

यों तो मैं ख़ुश हूँ
परंतु मुझे शर्म आती है
अपनी समकालीन कायरता पर
मैं शब्दों से काम चलाता हूँ
परंतु मुझे अब कुछ दूसरे हथियार भी लगेंगे

परंतु संकल्प की कृशकाया
नामालूम खाई की तरफ़ लिये ही चली जाती है

विचार मेरे पास श्रेष्ठ है
परंतु पराजित होता हुआ
रोज़-रोज़ वह अल्पसंख्यक होता जाता है
सोचता हूँ उसे रखना होगा जीवित

परंतु हम सबको मिलकर ही
जो धीरे-धीरे अब बहुत अकेले हैं।

ग़रीब की बुदबुदाहट का अनुवाद

ग़रीबी ने ही फैला दिया है मेरी आत्मा में रेगिस्तान
लेकिन मैं किसी का उदाहरण नहीं
वैसे भी हर ग़रीब अपनी तरह से इस तरह ग़रीब है
कि उसकी तुलना में नहीं रखी जा सकती कोई दूसरी असहायता
निर्धन के शाप भी किसी को नहीं ग्रसते
जैसे लौटकर चले आते हैं मेरे शाप मुझ ही तक
बख़्शते हुए मुझे यही अद्वितीय जीवन

ईश्वर भी धीरे-धीरे अब सांत्वना का एक शब्द है
और सिर्फ़ सांत्वना से नहीं सुधर सकता मेरा संसार
मैं फिर अपना जीवन रोज़ सुबह
उसी धार्मिक जन भाषा में पाता हूँ
जहाँ अलौकिक सांत्वनाओं के बावजूद
हर बार एक नयी तकलीफ़ है
मेरी दिनचर्या में सेंध लगाती हुई

जहाँ रह गया हूँ मैं इस तरह मनुष्य
जैसे समाज की नाली में किसी कीड़े का ठाठ
हर सुंदरता मुझे चोट पहुँचाती हुई सुंदर है
लकड़ी का बुरादा भी जगा देता है मेरी भूख
पड़ोस के पत्तों पर पड़ता हुआ प्रकाश
नहीं पहुँचता है मुझ तक
भटकता हूँ मैं आदमियों की दुनिया में
इल्लियों के जीवन से ईर्ष्या करता हुआ

फिर भी मेरे जीवित रहते चले आने में
और मेरी अछोर निराशा में
कोई आशाजनक संबंध होना चाहिए
और यह कितना विचित्र है लेकिन है।

ख़ाली प्लॉट में जीवन

मेरे घर के सामने ही है वह ख़ाली प्लॉट
लोगों को जिसके पास से
साँस रोककर गुज़रने का हो चुका है अभ्यास
वहीं जम चुकी है कचरे की मोटी तह
और अब वह सब इस वसुंधरा का हिस्सा है
वह धरती जिस पर हो चुका है सूअरों का क़ब्ज़ा
भटकते चौपायों के बीच लड़के खेलते हैं क्रिकेट
वहीं बीच में रखी कचरा-पेटी में दिन भर गिरता है कूड़ा
जिस पर लपके रहते हैं सूअर, कुत्ते और गाएँ
और जिसके भीतर धँसी हुईं
दो-तीन बच्चियाँ जैसे हमेशा से ही
बिना लड़े-झगड़े
चुपचाप बीनती हैं पोलीथीन और प्लास्टिक

अजीब सी सुरम्यता है
अजीब सी गंदगी

फिर दोपहर ढल चुकी होती है
फैलने लगती है अन्यमनस्कता
निढाल सूअर पसर जाते हैं अपने भौगोलिक साम्राज्य में
उनके बच्चे गुच्छों में जमा हैं अलसायी हुई माँओं के ऊपर
सामने किराने की दूकान का थुलथुल मालिक
ताँबे की खुरचनी से दाँत खुरचता हुआ
कचरा-पेटी की तरफ़ देख रहा है अप्रभावित

शाम होने को है
एकाएक आता है नगरपालिका का ट्रैक्टर
और चल देता है हुक में ट्राली फँसाकर
ट्रैक्टर की आवाज़ से चौकन्ने हुए सूअर
पसरे हुए ही देखते हैं कचरा-पेटी का जाना

रात में जब मैं नींद के दूसरे तहख़ाने में
दाख़िल हो रहा होता हूँ

सुनाई देती है ट्रैक्टर की आवाज़
और सूअरों की प्रसन्न गुर्राहट।

असाध्य रोग

जब पहली बार घुटने में चमक हुई
या गले में दिखी एक छोटी-सी गठान
आँखों के आगे का पहला अबूझ अँधेरा
और ज़रा-सा पैदल चलने पर वह अप्रत्याशित थकान
जब टिक जाना पड़ा था टेलीफ़ोन के खंभे से ही
तब से लेकर आज तक कभी कोई नहीं समझ पाता
कि शेष जीवन में अपनी मारक जगह बनाता हुआ
यह एक असाध्य रोग है

असाध्यता के ख़िलाफ़ यह अस्वीकार
कहीं से भी शुरू हो सकता है
किसी पुराने रोगी के रिश्तेदार की सांत्वना
या शहर के कोने में चमकते वैद्य के बोर्ड से
पड़ोस से ही सुनने में आए चमत्कारी क़िस्से
स्वास्थ्य पत्रिका में छपे किसी लेख
या फिर अपने ही भीतर सक्रिय जिजीविषा से
यक़ीन सा होने लगता है
कि पहले कभी रहा होगा यह रोग असाध्य
अब तो बहुत तरक़्क़ी हुई

एक यही चीज़ जीवन में नए सिरे से जगाती है उत्सुकता
देती हुई ढाढ़स और फिर एक हिम्मत
परिवार में कोई जन अचानक कहता है
अब हम मुंबई चलेंगे या फिर चेन्नई
पैसे की क्या दिक़्क़त है यह मकान किसलिए है
शाम को बेटे का दोस्त आता है कहता है
सुरेंद्र कह रहा है अब आप एकदम ठीक हो जाएँगे
और अगले साल इन दिनों हम
नए पत्तों का आना देख रहे होंगे

यह एक बात फिर आने वाली कठिन रात को
परास्त कर देने की ताक़त से भर देती है

लेकिन उसी रात खाँसी का दौरा आता है
उसी रात कँपकँपी और ठंडा पसीना
उसी रात थूक में दिखता है ख़ून

इसके बरअक्स यह भी होता है कि जैसे ही कहा जाता है
ठीक हो जाओगे पचास हज़ार रुपये लगेंगे
या रोज़ दूध और फल खाओ
तो आधी आबादी के लिए वह रोग
उसी वक़्त असाध्य हो जाता है
लोग बड़बड़ाने लगते हैं उस दुनिया का क्या हुआ
जब पाव भर सौंठ में पूरा घर तंदुरुस्त रहता था
फिर वे झाड़-फूँक की
एक दूसरी असाध्य दुनिया की तरफ़ चले जाते हैं

जैसे सबको पता है कि आख़िर होना क्या है
डॉक्टर भी अंधविश्वासी लाचार की तरह
ऊपर की तरफ़ उठाता है हाथ
बताता है रिसर्च चल रही है
दस साल बाद इस रोग से कोई नहीं मरेगा
पैथियाँ बदलते हुए फिर एक दिन
पैसे की भी मुश्किल आती है
जो किसी के लिए पाँच महीने में ही आ जाती है
और किसी के लिए सात साल बाद
तीमारदारी और तड़पता देखते रहने की भी एक हद है
आँसुओं से कोई दवा तैयार हो सकती होती तो
कोई रोग असाध्य नहीं रह जाता

अब वे ही परिचित आते हैं
इस बार थोड़े बुझे हुए से
कुछ ज़्यादा चिंतित कुछ ज़्यादा दयालु
फुसफुसाते हैं अब तो ये दवाएँ ही मार डालेंगी इनको

बीमारी की बची रह गई एक कोशिका भी
काफ़ी है अब तक की मेहनत पर पानी फेरने के लिए
अच्छा होगा कि इन्हें मन का खाना दो
खिड़की पर से पर्दा हटा दो
आसमान का रंग भी जीवन को
कुछ दूर तक खींच ले जा सकता है
जीने की इच्छा ही अब इलाज है
देखो, मेरे पिता के लिए तो मुझे
नहीं मिल पाया था दस मिनट का वक़्त भी
तुम थोड़ा जागते हुए सोया करो
यह तकलीफ़ आधी रात के बाद अपना काम करती है
बेहतर हो ये पूस-माघ के महीने कट जाएँ
इनसे अभी भी यही कहो कोई ख़ास बात नहीं

फिर हर एक के पास अलग-अलग लंबाई की
भटकते रहने की एक कहानी होती है
अकसर जिसका अंतिम वाक्य होता है-
'क्या कुछ नहीं किया!'
जिसके बाद की चुप्पी में बचा रहता है
स्वीकार्य इंतज़ार

जिसमें कभी-कभी
एक नामुमकिन-सी
निरुपाय उम्मीद तैरती दिखती है।

यहाँ तक आते हुए

जैसे एक दोपहर की चमक   घास कपास नमक
मेरे पास अभी भी हैं इतनी नन्ही और नाज़ुक चीज़ें
जिन्हें न तो युद्ध के ज़रिये बचा सकता हूँ
और न ही शास्त्रार्थ से
शायद उन्हें ज़िद से बचाया जा सकता है या फिर आँसुओं से
छोटी-सी आज़ादी के लिए यही एक प्रस्तावना है
लेकिन सिद्ध करने के लिए मेरे पास कुछ नहीं

न ही कोई ऐसी जगह जहाँ लगाई जा सके पताका
मेरे पास केवल मेरा यह जीवन है जो जहाँ है जैसा है वैसा है

मैं एक अयाचित परछाईं अपने होने के स्वप्न की
स्वप्न वह जीवन जिसे मैं जी नहीं पाया
और इस असफलता का दुख यहीं छोड़ते हुए
एक और सपने के साथ बढ़ना चाहता हूँ आगे
जैसे मैं एक लहर हूँ, एक पत्ता और हवा की आवाज़
शब्दों की नमी कहती है, बारिश हो रही है पास में कहीं

परिजनों का जीवन बचाते हुए एक दिन मेरे गले में मेरे संवाद नहीं थे
मेरी क्रियाओं में शामिल नहीं थीं मेरी इच्छाएँ
और फिर इस बात ने भी रास्तों को दुर्गम बनाया
कि जिन्हें करता था प्यार उनके विचारों का नहीं कर पाया सम्मान
फिर भी यहाँ तक चले आने में
सिर्फ़ मेरे ही क़दम शामिल नहीं हुए, धन्यवाद
कि पास में ही कई लोग चलते रहे मेरी भाषा बोलते
अँधेरे में भरते हुए आवाज़ों का प्रकाश

कद्दू की बेल, कत्थई मैदान, अमावस की रात
चींटी, एक सिसकी, एक शब्द
और एक बच्चे ने मुझे बार-बार अपना बनाया
इन्हीं सबके बीच माँगता रहा कुल तीन चीज़ें-
पीने का पानी, आज़ादी और न्याय

हालाँकि कई कोने कई जगहें ऐसी भी रहीं
जहाँ नहीं पहुँच सके मेरी कोशिशों के हाथ
लेकिन समुद्र की आवाज़ मुझ तक पहुँचती रही
करोड़ों मील दूर से चल कर आती रही सूर्य की किरण
मैंने देखा एक स्त्री ने अपने तंग दिनों में भी एक जन को
कहीं और नहीं पहले अपनी आत्मा में
और फिर अपने ही गर्भ में जगह दी
इन बातों ने मुझे बहुत आभारी बनाया
और जीवन जीने का सलीक़ा सिखाया

यह ठीक है कि कई चीज़ों को मैं
उतनी देर ठिठक कर नहीं देख सका
जितनी देर तक के लिए वे एक मनुष्य से आशा करती थीं
कई अवसरों को भी मैंने खो दिया
मैं उम्मीद में गुनगुनाता आदमी था धनुर्धारी नहीं
मेरे पास जीवन एक ही था और वह भी ग़लतियों
चूकों और नाकामियों से भरा
लेकिन उसी जीवन के भीतर से
आती थीं कुछ करते रहने की आवाज़ें भी
कितना काम करना था कह नहीं सकता कितना कर पाया
इतना तो ज़रूर ही हुआ कि मैं अपनी ग़लतियों से भी पहचान में आया।

जिन्हें तुम धन्यवाद देना चाहते हो

फिर न वह पेड़ वैसा बचता है और न वैसी रात आती है
न ओंठ रहते हैं और न पंखुरियाँ
रूपकों और उपमाओं के अर्थ ध्वनित नहीं हो सकते
कार्तिक जा चुका है और ये पौष की रातें हैं जिनसे सामना है

जीवन में रोज़ ऐसा होता है कि कृतज्ञता ज्ञापित
कर सकने के क्षण में हम सिर्फ़ अचंभित रह जाते हैं
और फिर वक़्त निकल जाता है

बाद में तुम पाते हो कि वे आदमी और जगहें ध्वस्त हो चुकी हैं
या इतनी बदल गई हैं कि उन्हें धन्यवाद देना
किसी अजनबी से कुछ कहना होगा

लेकिन इससे हमारे भीतर बसा आभार
और उसका वज़न कम नहीं हो जाता
एक निगाह, एक हाथ और एक शब्द ने
यहाँ तक जीवित चले आने में हर एक की मदद की है
और इतने अचरज हमारे साथ हैं कि दुनिया में स्वाद है

धन्यवाद न दे सकने की कसक भी साथ चली आती है
जो घेर लेती है किसी मौसम में या टूटी नींद में

जिन्हें तुम धन्यवाद देना चाहते हो
उन्हें अब खोजना भी मुश्किल है
और जो सामने हैं उनके बरअक्स तुम
फ़िर अचकचाये या सकुचाये खड़े रहते हो

हालाँकि कई चीज़ें तुम्हारी भाषा नहीं समझतीं
पतझड़, झरने, चाय की दुकान और अस्पताल की बैंच
लेकिन उनसे तुम्हारा बर्ताव ही बताएगा कि तुम
आख़िर कहना क्या चाहते हो

शायद इसलिए ही कभी सोच समझकर या अनायास ही
तुम उनके कंधे पर अपना सिर रख देते हो।

सब तुम्हें नहीं कर सकते प्यार

यह मुमकिन ही नहीं कि सब तुम्हें करें प्यार
यह तुम जो बार-बार नाक सिकोड़ते हो
और माथे पर जो बल आते हैं
हो सकता है किसी एक को इस पर आए प्यार
लेकिन इसी वजह से कई लोग चले जाएँगे तुमसे दूर

सड़क पार करने की घबराहट, खाना ख़ाने में जल्दबाज़ी
या ज़रा-सी बात पर उदास होने की आदत
कई लोगों को तुम्हें प्यार करने से रोक ही देगी
फिर किसी को पसंद नहीं आएगी तुम्हारी चाल
किसी को आँख में आँख डालकर बात करना गुज़रेगा नागवार
चलते-चलते रुककर इमली का पेड़ देखना
एक बार फिर तुम्हारे ख़िलाफ़ जाएगा

फिर भी यदि तुमसे बहुत से लोग एक साथ कहें
कि वे सब तुमको करते हैं प्यार तो रुको और सोचो
यह बात जीवन की साधारणता के विरोध में है

यह होगा ही कि तुम धीरे-धीरे अपनी तरह का जीवन जिओगे
और अपने प्यार करनेवालों को
अजीब मुश्किल में डालते चले जाओगे

जो उन्नीस सौ चौहत्तर में, उन्नीस सौ नवासी में
और दो हज़ार पाँच में करते थे तुमसे प्यार
तुम्हारी जड़ों में देते थे पानी
और कुछ जगह छोड़ कर खड़े होते थे कि तुम्हें मिले प्रकाश
वे भी एक दिन इसलिए जा सकते हैं दूर कि अब
तुम्हारे जीवन की परछाईं उनकी जगह तक पहुँचती है
तुम्हारे पक्ष में सिर्फ़ यही बात हो सकती है
कि कुछ लोग तुम्हारे खुरदरेपन की वजह से भी
करने लगते हैं तुम्हें प्यार

जीवन में उस रंगीन चिड़िया की तरफ़ देखो
जो किसी का मन मोह लेती है
और ठीक उसी वक़्त एक दूसरा उसे देखता है
शिकार की तरह।

अमीरी रेखा

मनुष्य होने की परंपरा है कि वह किसी कंधे पर सिर रख देता है
और अपनी पीठ पर टिकने देता है कोई दूसरी पीठ
ऐसा होता आया है, बावजूद इसके
कि कई चीज़ें इस बात को हमेशा कठिन बनाती रही हैं

और कई बार आदमी होने की शुरुआत
एक आधी-अधूरी दीवार हो जाने से, पतंगा, ग्वारपाठा
या एक पोखर बन जाने से भी होती है
या जब सब रफ़्तार में हों तब पीछे छूट जाना भी एक शुरुआत है
बशर्ते मनुष्यता में तुम्हारा विश्वास बाक़ी रह गया हो

नमस्कार, हाथ मिलाना, मुस्कराना, कहना कि मैं आपके
क्या काम आ सकता हूँ-
ये अभिनय की सहज भंगिमाएँ हैं और इनसे अब
किसी को कोई ख़ुशी नहीं मिलती
शब्दों के मानी इस तरह भी ख़त्म किये जाते हैं
तब अपने को और अपनी भाषा को बचाने के लिए
हो सकता है तुम्हें उस आदमी के पास जाना पड़े

जो इस वक़्त नमक भी नहीं ख़रीद पा रहा है
या घर की ही उस स्त्री के पास
जो दिन-रात काम करती है
और जिसे आज भी सही मज़दूरी नहीं मिलती

बाज़ार में तो तुम्हारी छाया भी नज़र नहीं आ सकती
उसे चारों तरफ़ से आती रोशनियाँ दबोच लेती हैं
वसंत में तुम्हारी पत्तियाँ नहीं झरतीं
एक दिन तुम्हारी मुश्किल यह हो सकती है
कि तुम नश्वर नहीं रहे

तुम्हें यह देखने के लिए जीवित रहना पड़ सकता है
कि सिर्फ़ अपनी जान बचाने की ख़ातिर
तुम कितनी तरह का जीवन जी सकते हो

जब लोगों को रोटी भी नसीब नहीं
और इसी वजह से साठ-सत्तर रुपये रोज़ पर तुम एक आदमी को
और सौ-डेढ़ सौ रुपये रोज़ पर एक पूरे परिवार को ग़ुलाम बनाते हो
और फिर रात की अगवानी में कुछ मदहोशी में सोचते हो,
कभी-कभी घोषणा भी करते हो-
मैं अपनी मेहनत और क़ाबलियत से ही यहाँ तक पहुँचा हूँ।

परचम

वहाँ एक फूल खिला हुआ है अकेला
कोई उसे छू भी नहीं रहा है
किसी सुबह शाम में वह झर जाएगा
लेकिन देखो, वह खिला हुआ है

बारिश, धूल और यातनाओं को जज़्ब करते हुए
एक पत्थर भी वहाँ किसी की प्रतीक्षा में है
आसपास की हर चीज़ इशारा करती है
तालाब किनारे अँधेरी झाड़ियों में चमकते हैं जुगनू
दुर्दिनों के किनारे शब्द

मुझे प्यास लग आयी है और यह सपना नहीं है
जैसे पेड़ की यह छाँह मंज़िल नहीं

यह समाज जो आख़िर एक दिन आज़ाद होगा
उसकी संभावना मरते हुए आदमी की आँखों में है
और असफलता मृत्यु नहीं है

यह जीवन है, धोखेबाज़ पर भी मुझे विश्वास करना होगा
निराशाएँ अपनी गतिशीलता में आशाएँ हैं

'मैं रोज़ परास्त होता हूँ'–
इस बात के कम से कम बीस अर्थ हैं
यों भी एक-दो अर्थ देकर
टिप्पणीकार काफ़ी कुछ नुक़सान पहुँचा चुके हैं
गणनाएँ असंख्य को संख्या में न्यून करती चली जाती हैं

सतह पर जो चमकता है वह परावर्तन है
उसके नीचे कितना कुछ है अपार
शांत, चपल और भविष्य से लबालब भरा हुआ।

अन्याय

अन्याय की ज़्यादा प्रतीक्षा नहीं करनी पड़ती
वह एक दिन होता ही है
याद करोगे तो याद आयेगा कि वह रोज़ ही होता रहा है

कई बार इसलिए तुमने उस पर तवज्जो नहीं दी
कि वह किसी के द्वारा किसी और पर किया जाता रहा
कि तुम उसे एक साधारण ख़बर की तरह लेते रहे
कि उसे तुम देखते रहे और किसी मूर्ति की तरह देखते रहे
कि वह सब तरफ़ हो रहा होता है
तुम सोचते हो और चाय पीते हो कि यह नियति की बात है
और इसमें तुम्हारी कोई भूमिका नहीं है

फिर सोचोगे तो आयेगा याद कि तुमने भी
लगातार किया है अन्याय
जो ताक़त से किया या निरीह बनकर सिर्फ़ वह ही नहीं
जो तुम प्रेम की ओट लेकर करते रहे वह भी अन्याय ही था
और जो तुमने खिलते हुए फूल से मुँह फेरकर किया
और तब भी जब तुम अपनी आकांक्षाओं को अकेला छोड़ते रहे

और जब तुम चीज़ों पर अपना और सिर्फ़ अपना हक़ मानते रहे
घर में ही देखो तुमने एक पेड़ पर, पानी पर, आकाश पर,
बच्चों और स्त्री पर और ऐसी कितनी ही चीज़ों पर क़ब्ज़ा किया
इजारेदारी से बड़ा अन्याय और क्या हो सकता है

और उस तथाकथित पवित्र आंतरिक कोने में भी देखो
जिसे कोई और नहीं देख सकता तुम्हारे अलावा
वहाँ अन्याय करते रहने के चिन्ह अब भी हैं
तुमने एक बार दासता स्वीकार की थी
एक बार तुम बन बैठे थे न्यायाधीश
इस तरह भी तुमने अन्याय के कुछ बीज बोये
तुम एक बार चुप रहे थे, उसका निशान भी दिखेगा
और उस वक़्त का भी जब तुम विजयी हुए थे

अन्याय से ही आख़िर एक दिन अनुभव होता है
कि कुछ ऐसा होना चाहिए जो न हो अन्याय
और इस तरह तुम्हारे सामने
जीवन की सबसे बड़ी ज़रूरत की तरह आता है–
न्याय!

भाई

यह जो लगभग मेरी तरह दिख रहा है यही है मेरा भाई
संसार में इसकी तुलना सबसे ज़्यादा अपने भाई से होती रही
इसका भाई ही बना रहा इसका उदाहरण
कक्षा आठ की अंकसूची को ही लीजिए
वह जन्मपत्री की तरह आगामी दस साल तक मिलाई जाती रही
जैसे नौकरी का मिलान अगले तीस साल तक
और चिड़चिड़ेपन का बुढ़ापे तक होता रहा
इसकी चाल, इच्छाएँ, आलू ख़ाने की आदत और नख़रे के ज़िक्र
इसके भाई पर ही जाकर ख़त्म हुए

इस तसवीर में इसने जो पेन्ट पहनी है इसके भाई की है
और वह कोट जो आधे दिन के लिए मिला था भाई का ही था
कई बार भाई ने अपने अपराध की जगह इसे खड़ा कर दिया

इसे माफ़ी मिली तो इसका भाई भी बच गया
हालाँकि कुछ चीज़ें अलग हुईं और ठीक विपरीत भी
जो भाई कहता रहा करता रहा उससे इसने एक दिन घृणा भी की
इस तरह इसने भाई के प्रति जताया अपना क्रोध

एक दिन इसको भी चश्मा लगा, इसके भी झड़ गए बाल
एक दिन इसके माथे पर पसीना आया तो कहा गया
इसके भाई के माथे पर भी आया था इसी तरह पसीना
अँधेरे से उजाले में इसे आते हुए देखिए
इसमें कुछ तेज़ी है लेकिन यह अपने भाई की बनक है
एक दिन उसी भाई ने इससे कहा निकलो इस घर से
तुम्हारे साथ रहना है मुश्किल
तो इसे भी लगा कि वाक़ई है मुश्किल

फिर इसने भी भाई की तरह घर बसाया खटराग पाला
पलंग, बिस्तर, मेज़, रेडियो आदि के लिए भटका
और कहीं से दीवार पर चिपकाने के लिए
एक वैसा ही बड़ा पोस्टर लाया
फिर एक दिन भाई से हिसाब-किताब किया
नये दोस्त बनाए उन्हें भाई कहा
और कहा कि मेरा भाई भाई नहीं है
फिर पिता से कहा-आप मेरे साथ रहिए

एक सपने में इसने अपने भाई को राक्षस की तरह याद किया
और सुबह उठकर रोया कि भाई को आख़िर मैंने ऐसा समझा
उसने बचपन याद किया और किशोरावस्था
उसे भाई का भाई होना याद आया
हालाँकि उसका दबदबा भी साथ चला आया
वह याद न भी रखना चाहे तब भी पूरे घर को
मुहल्ले को, पूरे शहर को और पूरे संसार को रहता ही है याद
कि इसका एक भाई है जो देखो, कैसा है
और एक यह है यहाँ-ऐसा

एक दिन उसी भाई की बहिन विधवा हो गई
तो इस भाई की बहिन भी विधवा हो गई

एक दिन भाई की माँ मरी तो इस भाई की माँ भी मर गई
एक दिन जब सब कुछ ठीक-ठाक था बच्चों ने भाई की याद दिलाई
एक दिन जब धूप थी, बारिश थी, अँधेरा था और कोई नहीं था
तो भाई आया और कहने लगा मैं यहीं बैठा हूँ तुम आराम से सो जाओ
एक दिन यही भाई भाग गया था घर से
इसी भाई के नाम पर माँ ने तीन दिन तक नहीं खाई थी रोटी
इसी भाई से रूठ गयी थी पत्नी और मारती थी ताना
एक दिन इसी से कहा था तुम ख़ुद भी कुछ कमा कर लाओ
इसी भाई के लिए जाना पड़ा था आधी रात में पुलिस स्टेशन
यही तो सेकण्ड ईयर में हो गया था फ़ेल
इसी ने घर की इज़्ज़त की रत्ती भर नहीं की थी परवाह
ख़बर भेजने पर भी जो नहीं आया था अस्पताल तक
एक दिन इसी ने पलटकर किया था वार

एक दिन जब साँस फूली, थकान हुई
तो याद आया यह भाई की थकान की तरह है
एक दिन भाई की तरफ़ से भाई ने मैदान में दौड़ लगाई
तितली पकड़ी, गेंद फेंकी, कसरत की
सब्ज़ी खरीदी, पिता को याद किया
और विदा लेते हुए चल दिया रेलवे-स्टेशन की तरफ़
यह जो दिखता है मेरी तरह जाता हुआ
भाई है।

हत्यारे की जीवनी

जनता वाचनालय में एक दिन मुझे हाथ लगी हत्यारे की जीवनी
जर्जर पीले पन्नों की वह किताब पुराने काग़ज़ की गंध से भरी हुई
उस पर ख़ून का एक छींटा भी नहीं था
आवरण पर रौनक़ थी और उस पर बना चित्र इतना सुंदर था
कि उसके लिए जँच सकता था कुछ बेहतर शीर्षक भी
जीवन में कविता की किताब खोजते हुए अचानक ही वह मुझे मिल गई
उस विशाल जनता-वाचनालय के कोने में बैठकर उसे पढ़ा मैंने
शाम से पढ़ा, रात हुई, फिर सबेरा हुआ
और ऐसा बार-बार होता रहा बीतता रहा यह जीवन

वह एक फूल के वर्णन से शुरू होती थी
तालाब किनारे सिर झुकाकर एक पेड़ के तने के नीचे से निकलती
वह बगीचे में जाती थी और आसमान की तरफ़
देखती थी कैमरामैन की निगाह से
अनगिन पेड़ों, पक्षियों और शरारतों के दृश्यों से भरपूर
वह शुरू से ही जकड़ लेती थी अपने मोह में
दरअसल वह एक मोहिनी थी लिखा गया था जिसे जीवनी की तरह
उसमें एक दिन बच्चे ने तितली को
इसलिए पकड़ लिया था कि उसके पास
सबसे अलहदा सबसे ज़्यादा सबसे सुंदर रंग थे
ऐसा ही सलूक एक बार चींटी के साथ किया गया
फिर चिड़िया के साथ और फिर क़ब्र पर रखे एक गुलदस्ते के साथ

फूल के विवरण से शुरू हुआ अध्याय
एक फूल को कोट में लगा लेने पर ख़त्म होता था

उसमें एक बच्चे का बचपन था जिसे हत्यारे का
बचपन नहीं कहा जा सकता
उसकी किशोरावस्था तो और भी ज़्यादा मदमाती थी
वह भीड़ में प्रेम करता था और बिलखता था एकांत में
वह एकांत में प्रेम करता था और उदास रहता था भीड़ में
पृष्ठ क्रमांक 184 पर उसने प्रेम करते हुए कसम खाई थी कि वह
सब कुछ बनेगा लेकिन कभी हत्यारा नहीं बनेगा
उसकी प्रेमिकाओं में से जिसने उसकी कसम पर विश्वास नहीं किया
और जो किसी आशंका में शहर छोड़कर चली गई
उसकी याद में लिखे गए थे तेईस पृष्ठ और सत्तावन पैराग्राफ़

उसमें एक कवि जैसा हृदय झाँकता था और कुछ दुर्बलताएँ भी
मसलन उसे नापसंद थे गंदगी में रहनेवाले लोग
वह संगीत से प्रेम करता था और सितार सुनने के लिए
चला जाता था बीस मील दूर तक
जब वह बाँसुरी की धुन पर सवार होकर चंद्रमा के पास पहुँचता
तो हत्या का विचार तक मन में न आता था
वह कई बार भूखा रहा और कुछ दिन ग़रीबी में भी बीते

एक समय वह डॉक्टर होना चाहता था
एक समय बनना चाहता था खिलाड़ी और एक समय चित्रकार
कभी-कभी नशे में वह पूरी दुनिया पर निगाह डालता था
कहता था इसे मैं अपनी तरह से बनाऊँगा।

उसकी मृत्यु किसी आकस्मिकता से हुई–ऐसा इशारा मिलता है
या शायद वह बच भी गया था और आज तक बचा हुआ है
ऐसी संभावना भी उस किताब में छोड़ दी गई थी
हत्यारे की जीवनी से ही पता चली यह विलक्षण बात
कि ख़ुद उसने कभी किसी की हत्या नहीं की
उसे तो कोई हथियार चलाना भी नहीं आता था
वह सीधे-सादे ढंग से रहता था अक्सर चलता था पैदल
टोपी पहन लेता था और पूरी तरह था शाकाहारी

अपने अंत तक आते-आते वह जनता के बीच लोकप्रिय हो गया था
आख़िर में, जीवनी जहाँ ख़त्म हुई उसके बाद के खाली पृष्ठ पर
किसी पाठक ने, शायद अजीब से मज़ाक़ में, लिख दिया था–
'हत्या करने से पहले हत्यारे की जीवनी!'
यह सिर्फ़ मज़ाक़ ही तो हो सकता है
या हत्यारे की जीवनी के किसी पाठक का अपना पाठ
या मुमकिन है कि एक दिन हमें मालूम हो
कि यही है ऐतिहासिक तथ्य भी।

पूर्वजन्मों की स्मृति

सबसे पहले उसका आभास मुझे एक कलादीर्घा में हुआ
जहाँ एक तस्वीर के पीले-से रंग में
घुल गई थी दिन के ढलान की रोशनी
उससे मुझे याद आया कि मेरा भी था एक पूर्वजन्म
वह भी एक ऐसी ही, उस तेलचित्र की तरह की शाम थी
जब मैंने अपने उस जीवन से विदा ली
लैम्प-पोस्ट के नीचे इतना ही कत्थई अकेलापन था
नवंबर का महीना था और धूल पर गिरती थी ओस

अगली बार यह बीच बाज़ार में हुआ
जब मैं एक दुकान में था और पत्नी मशग़ूल थी साड़ी देखने में

अचानक आया मुझे याद कि मनुष्य की इस योनि में पड़ने से पहले
मैं एक पक्षी था मेरा एक वृक्ष था और एक नीली नदी
और हवा थी और आकाश था मैं उड़ता था जिसमें
पूर्वजन्म की स्मृति एक धुंध में से आती थी
जितना याद करते हैं उतना ही होता जाता है विस्मृत
एक आँगन दिखता है एक कुआँ एक रास्ता
एक लड़की के हवा में लहराते केश और जामुन का पेड़
घास का मैदान और एक गली का अँधेरा
अंत में मैं भीगता जाता था बारिश में

कल ही अख़बार में दाल और अनाज के भाव पढ़ते हुए
याद आया कि मेरे एक पूर्वजन्म में चीज़ें इतनी मँहगी न थीं
हरे धनिये, पुदीने के तो कोई दाम ही न थे
उस जन्म की साफ़ याद है कि मेरी माँ भी थी जीवित
उसके रोने की आवाज़ अभी भी सुनाई देती है
वहाँ हमारे पास आग थी पत्थर की चक्की और एक गुदड़ी
मिट्टी का तवा और गिरती हुई एक दीवार
घर में और कुछ नहीं था लेकिन चहल-पहल थी

अब जबकि मेरे कई जन्म हो चुके हैं
और मैं अनेक जन्मों को दे चुका हूँ जन्म
समय इतनी तेज़ी से बदल रहा है कि रोज़ ही होता है पुनर्जन्म
कल या परसों या पिछला सोमवार पुराने पड़ते जाते हैं
जो मित्र छूट गया जो दृश्य निकल गया
पखावज और सारंगी की जुगलबंदी से भरी हुई रात
सीढ़ियोंवाला तालाब, बेगम अख़्तर, जूही की कली, सरसों के फूल
ये सब जुड़ते चले जाते हैं धुंध से भरे पूर्वजन्मों में।

खाना बनातीं स्त्रियाँ

जब वे बुलबुल थीं उन्होंने खाना बनाया
फिर हिरणी होकर
फिर फूलों की डाली होकर
जब नन्ही दूब भी झूम रही थी हवाओं के साथ

जब सब तरफ़ फैली हुई थी कुनकुनी धूप
उन्होंने अपने सपनों को गूँधा
हृदयाकाश के तारे तोड़कर डाले
भीतर की कलियों का रस मिलाया
लेकिन आख़िर में उन्हें सुनाई दी थाली फेंकने की आवाज़

आपने उन्हें सुंदर कहा तो उन्होंने खाना बनाया
और डायन कहा तब भी
उन्होंने बच्चे को गर्भ में रखकर खाना बनाया
फिर बच्चे को गोद में लेकर
उन्होंने अपने सपनों के ठीक बीच में खाना बनाया
तुम्हारे सपनों में भी वे बनाती रहीं खाना
पहले तन्वंगी थीं तो खाना बनाया
फिर बेडौल होकर

वे समुद्रों से नहाकर लौटीं तो खाना बनाया
सितारों को छूकर आईं तब भी
उन्होंने कई बार सिर्फ़ एक आलू एक प्याज़ से खाना बनाया
और कितनी ही बार सिर्फ़ अपने सब्र से
दुखती कमर में, चढ़ते बुख़ार में
बाहर के तूफ़ान में
भीतर की बाढ़ में उन्होंने खाना बनाया
फिर वात्सल्य में भरकर
उन्होंने उमगकर खाना बनाया

आपने उनसे आधी रात में खाना बनवाया
बीस आदमियों का खाना बनवाया
ज्ञात-अज्ञात स्त्रियों का उदाहरण
पेश करते हुए खाना बनवाया
कई बार आँखें दिखाकर
कई बार लात लगाकर
और फिर स्त्रियोचित ठहराकर
आप चीख़े-उफ़, इतना नमक
और भूल गए उन आँसुओं को

जो ज़मीन पर गिरने से पहले
गिरते रहे तश्तरियों में, कटोरियों में

कभी उनका पूरा सप्ताह इस ख़ुशी में गुज़र गया
कि पिछले बुधवार बिना चीख़े-चिल्लाए
खा लिया गया था खाना
कि परसों दो बार वाह-वाह मिली
उस अतिथि का शुक्रिया
जिसने भरपेट खाया और धन्यवाद दिया
और उसका भी जिसने अभिनय के साथ ही सही
हाथ में कौर लेते ही तारीफ़ की

वे क्लर्क हुईं, अफ़सर हुईं
उन्होंने फर्राटेदार दौड़ लगाई और सितार बजाया
लेकिन हर बार उनके सामने रख दी गई एक ही कसौटी
अब वे थकान की चट्टान पर पीस रही हैं चटनी
रात की चढ़ाई पर बेल रही हैं रोटियाँ
उनके गले से, पीठ से
उनके अँधेरों से रिस रहा है पसीना
रेले बह निकले हैं पिंडलियों तक
और वे कह रही हैं यह रोटी लो
यह गरम है

उन्हें सुबह की नींद में खाना बनाना पड़ा
फिर दोपहर की नींद में
फिर रात की नींद में
और फिर नींद की नींद में उन्होंने खाना बनाया
उनके तलुओं में जमा हो गया है ख़ून
झुकने लगी है रीढ़
घुटनों पर दस्तक दे रहा है गठिया
आपने शायद ध्यान नहीं दिया है
पिछले कई दिनों से उन्होंने
बैठकर खाना बनाना शुरू कर दिया है
हालाँकि उनसे ठीक तरह से बैठा भी नहीं जाता है।

तानाशाह की पत्रकार-वार्ता

वह हत्या मानवता के लिए थी
और यह सुंदरता के लिए

वह हत्या अहिंसा के लिए थी
और यह इस महाद्वीप में शांति के लिए

वह हत्या अवज्ञाकारी नागरिक की थी
और यह ज़रूरी थी हमारे आत्मविश्वास के लिए

परसों की हत्या तो उसने ख़ुद आमंत्रित की थी
और आज सुबह आत्मरक्षा के लिए करना पड़ी

और यह अभी ठीक आपके सामने
उदाहरण के लिए!

नयी सभ्यता की मुसीबत

नयी सभ्यता ज़्यादा गोपनीयता नहीं बरत रही है
वह आसानी से दिखा देती है अपनी जंघाएँ और जबड़े
वह रौंदकर आयी है कई सभ्यताओं को
लेकिन उसका मुक़ाबला बहुत पुरानी चीज़ों से है
जिन पर लोग अभी तक विश्वास करते चले आये हैं
उसकी थकान उसकी आक्रामकता समझी जा सकती है

कई चीज़ों के विकल्प नहीं हैं
जैसे पत्थर, आग या बारिश
तो यह असफल होना नहीं है
हमें पूर्वजों के प्रति नतमस्तक होना चाहिए
(उन्हें जीवित रहने की अधिक विधियाँ ज्ञात थीं
जैसे हमें मरते चले जाने की ज़्यादा जानकारियाँ हैं)
ताड़पत्रों और हिंसक पशुओं की आवाज़ों के बीच
या नदी किनारे, घुड़साल में, पुआल पर
जन्म लेना कोई पुरातन या असभ्य काम नहीं था
अपने दाँत मत भींचो और उस न्याय के बारे में सोचो
जो उसे भी मिलना चाहिए जो माँगने नहीं आता

गणतंत्र की वर्षगाँठ या निजी ख़ुशी पर इनाम की तरह नहीं
मनुष्य के हक़ की तरह हर एक को थोड़ा आकाश चाहिए
और ख़ाने-सोने लायक ज़मीन तो चाहिए ही चाहिए
माना कि लोग निरीह हैं लेकिन बहुत दिनों तक सह न सकेंगे
स्वतंत्रता सबसे पुराना विचार है सबसे पुरानी चाहत
तुम क्या-क्या सिखा सकती हो हमें
जबकि थूकने तक के लिए जगह नहीं बची है

तुम अपनी चालाकियों में नयी हो
लेकिन तुम्हारे पास भी एक दुकानदार की उदासी है
जितनी चीज़ों से तुमने घेर लिया है हमें
उनमें से कोई ज़रा-सा भी ज़्यादा जीवन नहीं देती
सिवाय कुछ नयी दवाइयों के
जो यों भी रोज़-रोज़ दुर्लभ होती चली जाती हैं
और एक विशाल दुनिया को अधिक लाचार बनाती हैं
हँसो मत, यह मशीन की नहीं आदमी की चीख़ है
उसे मशीन में से निकालो
घर पर बच्चे उसका इंतज़ार कर रहे हैं

हम चाहते हैं तुम हमारे साथ कुछ बेहतर सलूक करो
लेकिन जानते हैं तुम्हारी भी मुसीबत
कि इस सदी तक आते-आते तुमने
मनुष्यों की बजाय
वस्तुओं में बहुत अधिक निवेश कर दिया है।

संस्कार

अब तुम अपमानित होते हो और मुसकराते हो
यह यकायक नहीं है
यहाँ तक आने में तुमने कई बरस लिए हैं
उपदेशों, परिपत्रों, नियमों, ज़रूरतों और सुविधाओं ने
तुम्हें अनुभवी बनाया और शिक्षित किया
सबसे ज़्यादा उन्होंने जो ठीक तुम्हारे पास बैठते हैं

और अपमान को कभी अपमान नहीं कहते
बल्कि मौक़े-बेमौक़े तुम्हें समझाते हैं
कि ऐसे क्षणों में हिम्मत रखो
याद करो तुमने पहले भी कई बार सहनशीलता दिखाई है
इतनी कि मनुष्य को शोभा नहीं देती
मगर जीवन के ये बरस
मनुष्य की शोभा-यात्रा के नहीं जवाबदारियों के हैं

अब तुम खिले चाँद की तरफ़ नहीं देखते
सूखते जा रहे खेतों को, तालाबों को नहीं देखते
चिड़ियों और तोतों की उपेक्षा करते चले जाते हो
फुटपाथ पर उघाड़े बदन सोते या राह में मिलते
असहाय आदमी की तरफ़ निगाह भी नहीं उठती
मोटरसाइकिल पर तेज़ जाते बच्चे को तुम दे देते हो गाली
चमकते तारे तुम्हें पुकारते रह जाते हैं और तुम नशे के
दूसरे पहर में कुर्सी की पीठ पर सिर टिका देते हो
धीरे-धीरे तुमने इंद्रियों पर नहीं
अपनी व्यथाओं पर विजय पा ली है

तुम जान चुके हो अपमान को कहीं सिद्ध नहीं किया जा सकता
तुम्हारा क्रोध पालतू जानवर की कूँ-कूँ में बदल रहा है
तुम्हारे पास अब हर धूर्तता के लिए एक चमकदार शब्द है
आईने के सामने भी तुम खड़े रहते हो अविचलित
अब तुम्हें धूल में स्वाद आने लगा है
कोई स्त्री जब तुम्हारे सामने ढलके आँचल से गुज़रती है
तुम सोचते हो यह उसकी अभिरुचि है
जिस आदमी की नाक से ख़ून बहता है तुम उसी पर गुर्राते हो
और एक दिन समझाते हो अपने बच्चों को-
वक़्त आ चुका है कि उठ जाओ मान-अपमान से ऊपर
उन विचारों को अपने पास भी मत फटकने दो
जो तुम्हें सीधी राह से भटका देंगे अंधा बना देंगे
और यह भी नहीं देखने देंगे कि आख़िर तुम
कितना भला-चंगा जीवन गुज़ार रहे हो।

कहीं भी कोई क़स्बा

अभी वसंत नहीं आया है
पेड़ों पर डोलते हैं पुराने पत्ते
लगातार उड़ती धूल वहाँ कुछ आराम फ़रमाती है

एक लंबी दुबली सड़क जिसके किनारे
जब-तब जँभाइयाँ लेती हैं दुकानें
यह बाज़ार है
आगे दो चौराहे
एक पर मूर्ति के लिये विवाद हुआ था
दूसरी किसी योद्धा की है
जिस पर नहीं डाली जा सकती टेढ़ी निगाह

नाई की दुकान में चौदह घंटे बजता है रेडियो
पोस्ट मास्टर और बैंक मैनेजर के घर का पता
चलता-फिरता आदमी भी बता देगा
उधर पेशाब से गलती हुई लोकप्रिय दीवार
जिसके पार खंडहर, गुंबद और मीनारें
ए.टी.एम. ने मंदिर के क़रीब बढ़ा दी है रौनक़

आठ-दस ऑटो हैं रिक्शेवालों को लतियाते
ताँगेवालों की यूनियन फेल हुई
ट्रैक्टरों, लारियों से बचकर
पैदल गुज़रते आदमी हैं खाँसते-खखारते
अभी-अभी ख़त्म हुए हैं चुनाव
दीवारों पर लिखत और फटे पोस्टर बाक़ी

गठित हुई हैं तीन नयी धार्मिक सेनाएँ
जिनकी धमक है बेरोज़गार लड़कों में

चिप्स, नमकीन और शीतल पेय की बहार है
पुस्तकालय तोड़कर निकाली हैं तीन दुकानें
अस्पताल और थाने में पुरानी दृश्यावलियाँ हैं
रात के ग्यारह बजने को हैं

आख़िरी बस आ चुकी
चाय मिल सकती है टॉकीज के पास

पुराना तालाब, बस स्टैण्ड, कान्वेंट स्कूल,
नया पंचायत भवन, एक किलोमीटर दूर ढाबा
और हनुमानजी की टेकरी
दर्शनीय स्थल हैं।

संग्रहालय

एक वस्तु जब किसी को अपना हृदय देती है
तो जीवन भर के लिए दे देती है
वह अपना शरीर भी उसको करती है समर्पित
और इतनी अंतरंग हो जाती है
कि सिर्फ़ उसी को देखकर
पहचान लिया जा सकता है आदमी को
पटरियों के किनारे या अनजान सड़कों पर
कितनी ही शिनाख़्त वस्तुओं से हुई
वस्तुओं ने लोगों को लावारिस नहीं रहने दिया

कई बार वे कहानियों के सिंहासन की तरह
या वरदान में मिली पोशाक की तरह पेश आती हैं
उन पर कोई दूसरा नहीं बैठ सकता
उन्हें कोई दूसरा नहीं पहन सकता
वे किसी को भी करुण मज़ाक़ में बदल देंगी
(कभी-कभी पत्नी गुज़र गयी माँ की साड़ी पहनती है)

वस्तुएँ भी जीवितों से पाती हैं अपना जीवन
वह झोला नीला-मटमैला
बार-बार वापरने से वह
एक आदमी के शरीर का हिस्सा हो गया था
उस आदमी के साथ वह भी मर गया
और पड़ा है उधर पुराने कपड़ों के साथ निस्पंद
मैं जिस शाम भी

काँसे के कटोरे में दलिया खाता हूँ
उसे अपने आँसुओं से भरा पाता हूँ

घूमता-फिरता हूँ, संग्रहालय में चश्मा देखता हूँ
छड़ी, छाता और कुर्सी देखता हूँ
बेसाख़्ता याद आता है
कि घर में भी पीछे छूट गईं वस्तुओं का
संग्रह होता चला जा रहा है।

विजेता का इतिहास

कथाओं से निकला यह चेहरा
विजेता का नहीं पराजित का है

इतिहास का अजीबो-ग़रीब चरित्र है यह
इसे घेर लिया गया था
इसने आमने-सामने की लड़ाई लड़ी
यह चकमा देकर भागा
गुफाओं में, जंगलों में
अनजान आबादियों में रहा
गुरिल्लों की तरह प्रकट हुआ
फिर पकड़ा गया नदी किनारे
यह बहुत प्यासा था, पानी पी रहा था

फिर यह भाग गया प्रहरियों की नींद में से
कुछ दूर जाकर गिर पड़ा
यह ज़ख़्मी था
इसे सैनिकों ने फिर बंदी बनाया
इसके वस्त्र उतार लिये गये
डाल दिया गया बेड़ियों में
महीनों भूखा-प्यासा रखा गया
आख़िर एक दिन यह मर गया
और विजेता के जीवन का
उद्देश्य भी ख़त्म हुआ

विजेता के बारे में पढ़ते हुए
मैं पढ़ता हूँ इसी पराजित का इतिहास।

वस्तुओं का न्याय

आजकल कोई भी मनुष्य
मनुष्य का प्रचार नहीं करता
कोई नहीं कहता मुझे वापरिये–मैं आदमी हूँ
यह ज़रूर होता है कि जब मैं सड़क पार करता हूँ
पेड़ के नीचे सुस्ताता हूँ या रुकता हूँ लालबत्ती पर
लपकता हुआ एक आदमी आता है कहता है
इस तरफ़ आइए, मैं आपको एक वस्तु दिखाता हूँ

मैं एक मनुष्य को छूता हूँ
वह मुस्कराता रहता है
अचानक उसमें से एक बीप सुनाई देती है
तब मालूम होता है कि वह मनुष्य नहीं, वस्तु है

फिर मेरी पहचान एक मशीन करती है
जैसे वह मेरा भार जानती है और पासंग भी
वस्तुएँ ही करती हैं मेरा न्याय
वे मेरी हर चीज़ को दो ख़ानों में रख देती है
कुल दो ख़ाने : काला या सफ़ेद
वे कहती हैं हम हमेशा सच बोलती हैं
लेकिन तुम झूठ बोल सकते हो, तुम मनुष्य हो

यदि हम झूठ बोल रही हों तो तय है
वह किसी मनुष्य का ही झूठ है।

आदमी जो बनना चाहता था

हर आदमी के भीतर जो वह बनना चाहता था वैसा
न बन पाने की कसक बनी ही रहती है
वह किसी बैक्टीरिया की तरह आँतों में, ख़ून में,
हड्डियों के जोड़ों में भी रह लेती है

और अक्सर पड़ी रहती है इस तरह चुपचाप
मानो उसका बने रहना ज़रूरी हो शेष जीवन के लिए

जिन्हें हम जानते हैं कलाकारों की तरह
देवताओं की तरह या अपराधियों की तरह
वे बतायेंगे कि वे बनना चाहते थे कुछ और
लेकिन कितनी चीज़ें रहीं आसपास जो उन्हें
वह सब बनाती रहीं जिसका सपना भी नहीं देखा था कभी
(ज़ाहिर है वे कोंडागाँव में, कश्मीर, लाहौर
या ब्राज़ील में होते तो कुछ और बन गये होते)

और अब कितनी मुश्किलें पेश हैं कि वे बन जायें कुछ और
घर-परिवार, क़ानून, धर्म, समाज, संयुक्त राष्ट्र संघ
सब कुछ उनके ख़िलाफ़ है
वे असहाय देखते हैं चीज़ें हो चुकी हैं गड्डमड्ड
पीले में काला, लाल में मिल चुका है नीला
उनके पोखर का पानी सूख गया है और उसमें से
झाँकते सितारे कीचड़ में ही धँस गए हैं

जो कुछ वह बनना चाहता था और वाक़ई बन गया
ऐसे किसी आदमी से बात कीजिए
वह ख़ुश और संतुष्ट आदमी की तरह कह सकता है :
हाँ, यही मेरे बचपन का सपना था
फिर एक भूला-सा स्वाद तैर जाएगा उसकी ज़बान पर
और वह जोड़ेगा-'जैसा बनना चाहता था
ठीक वैसा तो अभी बन नहीं पाया हूँ'

यह जो न बन पाना है
यह जो कुछ और बन जाना है
या यह जो बन कर भी न बन पाना है
जिसे वह कभी दुख से, बेचैनी से, संदेह से
कभी ईर्ष्या से, गर्व से या उम्मीद से देखता है
याद कर सकते हैं इस सबमें हमारा भी है कुछ हाथ
इस निर्माण में शामिल है हमारी भी कुछ मिट्टी

हमने भी डाला है कुछ पानी
इस चेहरे के शिल्प में एक सलवट है हमारे चेहरे की भी।

चाँद तुम्हारे साथ कुछ दूर तक

सिर के ऊपर आसमान में खिला है चाँद
आसपास इक्के-दुक्के तारे हौसला रखते हैं
नीचे पसरे हुए खेत, दूर पहाड़ी, एक खण्डहर
बीच में से गुज़रती सड़क जिसका कोलतार
चमकता है चाँदनी में स्निग्ध
पेड़ निश्चल हैं और पत्तियों में से हवा
ऐसे बहती है कि कहीं वे जाग न जाएँ

तुम्हें क्या याद आता है
आधी रात से ठीक पहले के इस दृश्य में?
एक सुबह पर गिरती हुई दूसरी सुबह
एक रात पर दूसरी रात
जो घुलती जाती है चाँदनी की चमक में
अभी यह दृश्य है जो सबके लिए खुला है
इस पर नहीं है अभी किसी की कुटिल निगाह
यह जो हर बार आबादी से बस थोड़ी-सी दूरी पर है

मुझे यहाँ याद आता है अपना बचपन
और वह वक़्त जिसमें कुछ सोचा जा सकता है
इस चाँदनी की, इतने खुले की ज़रूरत मुझे हमेशा रहेगी
इन सबके बीच, ठीक चाँद के नीचे, इस उजास में
झाड़ी किनारे पेशाब करना किस क़दर आह्लादकारी है
तमाम दबावों से धीरे-धीरे मिलती है मुक्ति
फूटते हैं बुलबुले
भीगती मिट्टी से उठती है गंध
एक दूधिया रहस्य तुम्हें घेरता है
जिसे भेदने के लिए
तुम एक और क़दम आगे बढ़ाते हो

चुप्पी दृश्यों को करती जाती है मुखर
हर चीज़ तुम्हें अपने पास बुलाती है
यह सड़क है, यह पत्थरों की मेड़
यह पगडंडी
ये सब तुम्हें तुम्हारा मनुष्य होना याद दिलाते हैं
चाँद तुम्हारे साथ चलता है कुछ दूर तक।

मृतकों की सूची

मृतकों की इस सूची में कितनी कमनिगाही है
कितनी ग़लतियाँ और कितनी लापरवाही

जबकि सब जानते हैं इस संसार में
एक को मारने से एक नहीं मरता
चार-छः तो तुरंत ही मर जाते हैं और दस-बीस धीरे-धीरे
जो लोग सोते हुए मारे गये उनके सपनों में
जितनी बातें थीं जितने लोग वे सब मारे गये असमय
जो जाग रहे थे उनके पास भी थीं आदमक़द इच्छाएँ
इन सबकी गिनती यहाँ छूट गई है

हालाँकि आप मनुष्यों द्वारा बापर ली गईं चीज़ों को
सिर्फ़ वस्तुएँ ही मानते आये हैं
फिर भी एक पुरानी नाव, मिट्टी का घड़ा, एक गेंद
लकड़ी की तीन पीढ़ी पुरानी कुर्सी
पीतल का हुक़्क़ा, राखदानी
और उस कत्थई ओवरकोट के लिए शोक मनाया जा सकता है
और उस क़ब्र के लिए भी जिसमें पहले से ही एक मृतक था

तितलियों की उम्र यों भी ज़्यादा नहीं होती
उन्हें मारने से किसी को कुछ हासिल नहीं हो सकता
लेकिन उन्हें इस सूची तक में जगह देने में कोताही बरती गई
वृक्षों, चिड़ियों, घोंघों, कुत्तों, बिल्लियों
और बकरियों का भी इंसानों के लिए एक अर्थ होता है
उन जगहों का भाषा में एक नाम है जहाँ अब हाहाकार है
और जहाँ कुछ देर पहले क्रिकेट के दर्शकों का शोर था

छोटी-मोटी वनस्पतियों को भी आप भूल रहे हैं
जो अब इस मौक़ा-ए-वारदात के जीवन में नहीं रहेंगी

उन असफल कोशिशों के नाम लिखो
जो एक ने दूसरे को बचाने से ठीक पहले कीं
उन्हें कम से कम फुट नोट में दर्ज़ किया ही जाना चाहिए
यहाँ उन आँसुओं का ज़िक्र किया जा सकता है
जो सिर्फ़ जीवित मनुष्य की आँखों से ही निकलते हैं
और अपने शाप से कइयों को मारते चले जाते हैं

इस अधूरी सूची में एक दिन शामिल होंगे उनके नाम भी
जो मारने के उत्सव के बाद अपनी नींद खो देंगे
जिनकी आँखों में रेत किरकिराएगी और गले रुँध जाएँगें
पानी पीते हुए, बच्चों को प्यार करते हुए
या टूटते तारे देखते हुए जिन्हें दिखाई देंगे मरते हुए लोग
और उनके भी जो हर मारक प्रहार के बाद
ख़ुराक से तीन गुना ज़्यादा शराब पीते रहे
जो एक दिन बौखलाहट में अपनी पत्नी बच्चों को मार देंगे
और वे भी जो इस बर्बरता से सेवानिवृत्त होकर
उन पदकों से निगाह भी नही मिला सकेंगे
जो उन्हें दिये गये क्रूरतम क्षणों की याद दिलाने के लिए
जो आख़िर एक दिन समझ ही लेंगे कि क्रूरता और वीरता
दो अलग और विरोधी शब्द हैं

अंत में उनके नाम भी आएँगे इसी असमाप्त सूची में
जो आधी रात में उठकर अपनी कनपटी पर मार लेंगे गोली।

यहाँ पानी चाँदनी की तरह चमकता है

मेरे पास प्रेमजन्य यह शरीर है
इसीमें रोज़ खिलते हैं फूल और यहीं झर जाते हैं

बहती हैं नीली नदियाँ और वाष्पित होती हैं
जो मिलती हैं समुद्रों में फिर गिरती हैं बारिश के साथ
यहीं है उतना निर्जन जो ज़रूरी है सृष्टि के लिए

इसीमें कोलाहल है, संगीत है और बिजलियाँ
पुकार है और चुप्पियाँ
यहीं हैं वे पत्थर जिन पर काई जमा होती है

यहीं घेर लेती हैं ख़ुशियाँ
और एक दिन बदल जाती हैं बुख़ार में

आँधियाँ चलती हैं और मेरी रेत के ढूह
उड़कर मीलों दूर फिर से बन जाते हैं
यह मेरी अनश्वरता है

यह दिन की चट्टान है जिस पर मैं बैठता हूँ
प्रतीक्षा और अंधकार। उम्मीद और पश्चाताप।
वासना और सड़क। वसंत और धुआँ।
मैं हर एक के साथ कुछ देर रहता हूँ

तारों की तरह टूटते हैं प्रतिज्ञाओं के शब्द
अंतरिक्ष में गुम होते हुए उनकी चमक भर दिखती है
चंद्रमा को मैं प्रकट करता हूँ किसी ब्लैकहोल में से
और इस तरह अपने को संसार में से गुज़ारता हूँ

यह सूर्यास्त की तसवीर है
देखनेवाला इसे सूर्योदय की भी समझ सकता है
प्रेम के वर्तुल हैं सब तरफ़
इनका कोई पहला और आख़िरी सिरा नहीं
जहाँ से थाम लो वही शुरूआत
जहाँ छोड़ दो वही अंत

रेत की रात के अछोर आकाश में ये तारे
चुंबनों की तरह टिमटिमाते हैं
और आकाशगंगा मादक मद्धिम चीख़ की तरह
इस छोर से उस छोर तक फैली है

रात के अंतिम पहर में यह किस पक्षी की व्याकुलता है
किस कीड़े की किर्र किर्र चीं चिट
हर कोई इसी जनम में अपना प्रेम चाहता है
कई बार तो बिल्कुल अभी, ठीक इसी क्षण

आविष्कृत हैं इसीलिए सारी चेष्टाएँ, संकेत
और भाषाएँ

चारों तरफ़ चंचल हवा है वानस्पतिक गंध से भरी
प्रेम की स्मृति में ठहरा पानी चाँदनी की तरह चमकता है
और प्यास का वर्तमान पसरा है क्षितिज तक
तारों को देखते हुए आता है याद कि जो छूट गया
जो दूर है, अलभ्य है जो
वह भी प्रेम है
दूरी चीज़ों को टिमटिमाते नक्षत्रों में बदल देती है।

पिताओं के बारे में कुछ छूटी हुई पंक्तियाँ

एक दिन लगभग सभी पुरुष पिता हो जाते हैं

जो नहीं होते वे भी उम्रदराज़ होकर बच्चों से, युवकों से
इस तरह पेश आने लगते हैं जैसे वे ही उनके पिता हों

पिताओं की सख़्त आवाज़ घर से बाहर कई जगहों पर
कई लोगों के सामने गिड़गिड़ाती पाई जाती है

वे ज़माने भर से क्रोध में एक अधूरा वाक्य बुदबुदाते हैं-
'यदि बाल-बच्चे न होते तो मैं तुम्हारी...'

कभी-कभी वे पिता होने से थक जाते हैं और चुपचाप लेटे रहते हैं

पिताओं का प्रेम तुलाओं पर माँओं के प्रेम से कम पड़ जाता है
और अदृश्य बना रहता है या फिर टिमटिमाता है अँधेरी रातों में

धीरे-धीरे उन्हें जीवन के सारे मुहावरे याद हो जाते हैं
और विपत्तियों को भी वे कथाओं की तरह सुनाते हैं

एक रात वे सूचना देते हैं : 'बीमा करा लिया है'

वे बच्चों को प्यार करना चाहते हैं
लेकिन अनायास ही वे बच्चों को डाँटने लगते हैं

कभी-कभी वे नाकुछ बात पर ठहाका लगाते हैं
हम देखते हैं उनके दाँत पीले पड़ने लगे हैं

धीरे-धीरे झुर्रियाँ उन्हें घेर लेती हैं
वे अपनी ही खंदकों, अपने ही बीहड़ों में छिपना चाहते हैं

यकायक वे किसी कंदरा में, किसी तंद्रा में चले जाते हैं
और किसी को भी पहचानने से इनकार कर देते हैं।

जगमगाते हैं सितारे

आख़िर मुझे रात का चौथा पहर शरण देता है
अब आसपास कोई नहीं जो मुझे फिर से थका दे
सब तरफ़ विश्रांति है और रात की थपकी

यही है रात की सृष्टि जो जागते हुए एक आदमी को
अपने नीले अंधकार में तारे की तरह जगह देती है

मुँह उठाकर कुत्ते भौंकते हैं थोड़ी देर तक
फिर रात को पहचान लेते हैं
इधर-उधर से उठती हैं कुछ अनमनी आवाज़ें
और रात के पाताल में गिर जाती हैं
भागती है हरिणियाँ, ढुलकते हैं सप्तऋषि
ध्रुव अचल है
और तुम वृश्चिक को पहचानने की कोशिश करते हो

पूरे शहर में बिजली नहीं है
तुम देख सकते हो रात का उफान
जो बाँहे फैलाये बिछी है सब तरफ़
यह छत, यह प्लास्टिक की कुर्सी, यह उदासी
इस रात के आगे हो रहे हैं समर्पित
और एक आदमी उसकी बाँहों में समा ही चुका है

हर कोई इस विराट के अंधकार में
घास में छिपे कीड़े की तरह ध्यानस्थ है
इस सघन तारांकित रात ने इच्छाओं को
फिर से अबोध और आदिम बना दिया है

यहाँ तुम निढाल गिरते हो उसके सीने पर

वह तुम्हें फिर से सँवारती है
तुम देखते हो कि तुममें
जगमगाते हैं सितारे।

कुछ शहरों को याद करते हुए

अब रातें अपना काम करेंगी
झरनों की तरह मेरे ऊपर गिरेंगी
और मुझे भटकायेंगी जैसे बताएँगी
कि यह शहर तुम्हारे लिए नया है
कभी-कभी नीम या पीपल दिखेगा दिलासा देता
फिर गलियाँ धीरे-धीरे अपनाएँगी और नसों में समा जाएँगी

कहीं कोई पोखर, घाटियाँ, बिखरे हुए से पेड़
पुल, कोलाहल से भरे चौरस्ते और उदासी
झाड़ियाँ, मैदान, एक तरफ़ खिले हुए फूल
गिरती ओस और टूटती पत्तियाँ
हर शहर में एक स्त्री का स्थापत्य छिपा है

इस साँवली सड़क ने मुझे बाँहों में भर लिया है
तारों की परछाइयाँ मुझ पर सुलगती गिर रही हैं
मेरे माथे पर उनके चुंबनों की बौछार है
जिनकी चमक झील में गिरकर उछलती है

छूटता ही नहीं शहरों से मेरा प्रेम
उनके भीतर से उठती है मारक पुकार
वही है जो बार-बार मुझे उनकी तरफ़ लिवाये जाती है
और उन्हें किसी मादक प्रेम की तरह
अविस्मरणीय बनाती है।

कहीं कोई ज़मीन नहीं

चारों तरफ़ से नवनिर्माण की आवाज़ें हैं

और निर्माण केवल बिल्डर कर रहे हैं
बाक़ी लोग सिर्फ़ बेच रहे हैं अपनी ज़मीनें

जर्जर घरों की नीलामी ही बेहतर उपाय
अब सारी ज़मीन बिल्डरों के पास है
सारी तरकीबें, अध्यात्म और दर्शन बिल्डरों के पास

जो ख़रीद सकते हैं वे जीवित हैं
बाक़ी मर चुके हैं
या केवल उनकी छायाप्रतियाँ चल-फिर रही हैं

बिल्डर अब घर का विज्ञापन नहीं देते
चेतावनी देते हैं कि आज ले सको तो लो
कल से तुम सिर्फ़ बेघर रहोगे

तुम चाहते हुए भी आज उस घर की क़ीमत दे नहीं सकते
और परसों देखते हो कि गेहूँ की कम्बल की चश्मे की क़ीमत
सवाया हो गई है लेकिन उसी घर की क़ीमत तीन गुना
यह जादुई यथार्थवाद है या कमीनगी
कि जिस ज़मीन पर भी मैं पाँव रखता हूँ
वहाँ एक कुत्ता भौंकता है
बताता है कि वह किसी की व्यक्तिगत-संपत्ति है
हर जगह में निजी होने की ताकत की सूचना बोर्ड पर लिखी है

अब कोई कवि, चित्रकार, दार्शनिक या राजनीतिज्ञ नहीं कहता
यहाँ से देखो, यह दुनिया ऐसी है और संभव है
एक बिल्डर कहता है देखो, इस ब्रॉशर में देखो,
यह दुनिया इतनी ही है, सुंदर है और सबके लिए मुमकिन नहीं

कहीं का भी मुख्यमंत्री या आवास मंत्री क्या कर सकता है
उसने ख़ुद बिल्डर से मकान लिये हैं, चंदा लिया है
और चौराहों पर हैं उनकी याराना तस्वीरें
विकास के जवाबदार दोनों एक-दूसरे को दे रहे हैं आशीर्वाद

फसलें जला दी गई हैं
सल्फास खा चुके हैं किसान
और बचे-खुचे लोग बिल्डरों से ही रोज़ी माँग रहे हैं
पृथ्वी बिल्डर की डायनिंग टेबल पर रखा एक अधखाया फल

किसी के पास पेशाब करने लायक ज़मीन का कोना भी नहीं
लेकिन फिलहाल यह कितना अजीब है, हास्यास्पद और निष्फल है
कि जब चौकीदारों से आँख बचाकर
इस शहर में कोई राहगीर पेशाब कर रहा होता है
तो वह किसी बिल्डर की बनती दीवार पर ही।

कई जन मित्र नहीं रह पाते हैं

कभी उनकी आँखों में एक कौंध दिखी थी
उसी ने बाँधे रखा हमें बरसों
कि बाक़ी अँधेरे, हम सोचते रहे
कि एक दिन उस चमक से काफ़ूर हो जाएँगे
या निकल आएगा उनका कोई उज्ज्वल समाधान

लेकिन जैसा कि कहा गया है
पत्थर हमेशा पत्थर की तरह जीवन जीना चाहता है
और चींटी चींटी की तरह
जैसे एक सच्चा चित्रकार या गायक
चित्रकार और गायक की तरह
फिर एक दिन हम ही इस इंतज़ार से थक जाते हैं
कि आख़िर वह कब तक बाज़ नहीं आएगा
और तुमसे वैसा प्यार या बर्ताव करेगा
जिसकी उम्मीद उस कौंध से पैदा हुई थी

शायद ज़्यादा मुमकिन है कि उसे भी
वैसी ही कोई चमक मुझमें दिखी हो
किसी दुर्निवार प्रेम की या पागलपन की

या अँधेरे जल में गिरती रोशनी की

और अब उसे न राख दिखती हो
और न ही पानी में कोई छाया।

□□□